LE LIVRE PRATIQUE DES SPIRITES

ACHILLE BORGNIS

FV ÉDITIONS

TABLE DES MATIÈRES

INTRODUCTION

Depuis longtemps, mes amis et mes collaborateurs dans les sciences spirites insistent pour que je publie le résultat de mes travaux et les progrès que j'ai réalisés en ces dernières années dans la voie du spiritisme.

A vrai dire, je trouve que la publication de mon œuvre est prématurée. Les dernières observations que j'ai faites m'ont ouvert de si larges horizons, qu'avant d'écrire j'aurais voulu pousser mes expériences plus loin encore. Je m'incline cependant devant l'aimable insistance de mes collègues et amis.

Le « *Livre Pratique des Spirites* » n'a pas la prétention de rivaliser avec les admirables ouvrages de nos savants, initiateurs, fondateurs des dogmes spirites qui ont convaincu tant de sceptiques, parmi lesquels d'éminentes personnalités. Le nombre de préventions et de préjugés qui ont été vaincus par la lecture de ces livres, traitant des esprits et des médiums, est incalculable. Je n'exagère pas, en considérant cette multitude de spirites que je rencontre, mais dont la plupart n'osent pas encore proclamer leurs convictions, de peur d'être contredits ou ridiculisés par les incrédules ou les ignorants. Ces adeptes au spiritisme, appartenant à toutes les classes de la société, à toutes les religions, ont foi dans l'existence des esprits et des médiums, parce que les ouvrages qu'ils ont lus les ont convaincus par leur précision, leur clarté, et les preuves irréfutables fournies par leurs auteurs.

Je n'ai pas la pensée, non plus, de puiser dans ces chefs-d'œuvre pour en tirer un faible écho. Ce que je veux présenter au public, ce sont des découvertes récentes, propres à éclairer et à encourager tous ces adeptes, si heureusement inspirés déjà, et à leur permettre d'appuyer leurs croyances sur la réalité des faits et sur les expériences qu'ils pourront faire eux-mêmes en suivant point par point mes enseignements.

J'exprimerai des données claires qui puissent être comprises et mises en pratique par tous ceux qui désirent pénétrer les mystères de l'Au-delà.

Après avoir fait le récit de ma vie et de mes aventures spirites, je détaillerai les dispositions à prendre pour assurer le succès des séances de spiritisme. Je traiterai particulièrement la question des médiums et j'indiquerai la marche à suivre pour les reconnaître et les développer, ainsi que les moyens pratiques pour obtenir des matérialisations.

Attirer les esprits n'est pas une opération extraordinaire, surnaturelle, ainsi qu'on le croit généralement ; mais au contraire, elle est simple et facile, à condition de se conformer aux procédés requis dont l'application ne présente aucune impossibilité.

Les esprits, très nombreux en tous lieux, attendent impatiemment notre appel et sont toujours disposés à y répondre, en faisant usage des moyens que nous mettons à leur portée et qui sont en rapport avec leur nature éthérée.

Ils emploient, de leur côté, leurs forces fluidiques, les unissent à celles que nous leur offrons, et c'est dans cette agglomération de fluides qu'ils puisent les éléments nécessaires pour se manifester et se matérialiser.

Toute personne studieuse pourra donc baser sa croyance, non seulement sur les faits passés, mais aussi sur les découvertes récentes et pourra constater avec conviction que les matérialisations sont une des formes de la résurrection.

HISTOIRE DE MES ÉTUDES, DÉCOUVERTES ET AVENTURES SPIRITES

Il n'y a guère qu'une vingtaine d'années que je m'occupe des Sciences dites occultes. Dédaignant tout d'abord le spiritisme, incrédule à ses manifestations ; refusant, d'ailleurs, de vérifier toute preuve, niant d'une façon générale tout ce qui se rattache à cette science ; en un mot, n'y croyant pas, non par parti pris, mais par conviction personnelle ; pensant que lorsqu'on est mort, on est bien mort, grave erreur dont je suis revenu plus tard, je me décidai à étudier le magnétisme de manière à en connaître les moindres détails, aussi bien que les importants effets.

J'étudiai donc les travaux de l'Ecole de Nancy, de l'Ecole Charcot, de l'Ecole Moderne, puis de l'Ecole Américaine et la Science Hindoue ; cette dernière, je dois le dire, laisse peu de prise à des professionnels européens. En même temps, je pratiquai, donnant des séances, formant des élèves, le tout avec succès.

Je ne m'étendrai pas sur les expériences magnétiques, sur l'art d'endormir un seul sujet, ou quinze ou vingt à la fois, en l'espace de cinq minutes, et de les réveiller ; ni non plus sur les suggestions, les guérisons, etc. Ce qui attira surtout mon attention, ce fut la partie du magnétisme concernant le dédoublement d'un sujet en plusieurs corps bien séparés, très distincts les uns des autres, de plus en plus fluidiques, de sorte que le dernier devient extra-fluidique, de ce fluide qui, finalement à mon avis, s'évapore dans l'inconnu.

C'est à ce moment que, sur la demande pressante de mes amis, je m'étais enfin décidé à fréquenter quelques groupes spirites. A la suite de troublants phénomènes d'apparitions partielles de mains ou d'objets, dont j'avais été témoin et dont la matérialisation ne pouvait émaner évidemment que de l'agglomération de fluides, j'en étais arrivé à supposer qu'il était possible d'assimiler les fluides d'un sujet magnétique à ceux d'un médium spirite ; qui sait ? Peut-être même de les substituer les uns aux autres. Si cette substitution était réalisable, elle trouverait un but très pratique, car, au lieu de chercher des médiums à apparitions, qui sont extrêmement rares, on obtiendrait les mêmes résultats en plaçant dans un cadre spirite des sujets magnétiques, qui sont très communs.

En réalité, le fond de ma pensée était d'obtenir des apparitions sans le concours d'un médium spirite ! Il y avait bien quelque chose de vrai dans cette hypothèse, mais j'étais encore loin de la vérité. Pour arriver à produire des accumulations de fluides humains, je me livrai à toutes sortes d'expériences. Je n'hésitai pas à faire venir chez moi des sujets par douzaines, dirigés par des docteurs et des magnétiseurs expérimentés qui endormaient tous ces sujets ensemble, les dédoublaient, réunissaient et transportaient la masse fluidique sur un autre sujet enfermé dans un cabinet noir. Rien n'y faisait. Je n'obtenais d'autres résultats que quelques manifestations du domaine du magnétisme, très intéressantes, assurément, et dont j'ai pris note, mais ne répondant nullement à mes espérances, ni à mes recherches. Je recommençai plusieurs fois ces mêmes expériences, toujours avec le même insuccès.

Aujourd'hui j'en connais la cause. C'est que le sujet, placé dans le cabinet noir n'extériorisait pas ces fluides spéciaux, c'est-à-dire spirites, qui s'harmonisent avec ceux des Esprits. Et comme à ce moment j'ignorais encore ce détail, j'abandonnai provisoirement ce genre d'expériences, quoique toujours décidé à entreprendre d'autres tentatives.

Pendant ce temps, je continuai à fréquenter tout cercle, tout groupe se livrant à l'étude des phénomènes spirites, et notamment des matérialisations. La réputation de l'un de ces groupes arrêta et fixa même toute mon attention, car je négligeai, depuis, les autres groupes secondaires.

Mais, pour me faire admettre dans ce cercle d'élite, ce ne fut pas chose facile. D'abord, il était fermé, très fermé. De plus, j'étais magnétiseur et j'inspirais méfiance. On craignait que je n'exerçasse quelque influence nuisible sur le médium ou sur les esprits, au cours des séances. Je n'en avais nullement l'intention, ayant, au contraire, le désir le plus intense de voir de véritables « matérialisations » produites par le médium le plus fort du monde, disait-on, et cela, chez le guide le plus expérimenté. Car jusqu'ici je n'avais été témoin que de phénomènes partiels, n'ayant fait qu'exciter plus vivement ma curiosité.

Je finis par être admis à une première séance ; j'y étais bien l' « étranger »,car les assistants, au nombre d'une douzaine, toutes personnes honorables, quelques-unes âgées, qui se connaissaient, causaient entre eux, parfois en anglais, « le médium aussi était Anglais », me regardaient avec curiosité, comme on examine un nouveau venu. On m'adressa quelques questions auxquelles je répondis de mon mieux, mais qui ne laissaient pas de m'inspirer quelques doutes sur mon admission à la séance.

Enfin, tout le monde s'installa, y compris moi-même, dans la pièce où se trouvait le cabinet médiumnique éclairé à la lumière rouge, et je concentrai toute mon énergie, étant sensible et nerveux, pour ne pas me montrer trop impressionné à la première apparition. On éleva son âme vers Dieu, on mit la lumière rouge à l'état de veilleuse et la séance commença. Je me crus sauvé ! Erreur profonde, bien que fugitive, car je vis un homme âgé, portant toute sa barbe, se diriger vers moi et me regarder face à face avec curiosité. J'avais tout simplement l'impression que ce Monsieur, exerçant un dernier contrôle sur les assistants, allait me prier de me retirer. Il n'en fut rien, heureusement, car après m'avoir minutieusement examiné, il me salua d'un signe de tête à plusieurs reprises ; je lui rendis de même son salut, accompagné de mon plus fervent sourire, et en le remerciant. Il passa ensuite devant ma voisine, où la même scène se reproduisit, puis devant la troisième personne de ce rang. Arrivé à la quatrième, il disparut.

C'était un esprit, le premier qui apparaissait à la séance, et si bien matérialisé que je ne m'étais même pas douté de sa qualité d'esprit, le confondant avec quelqu'un de l'assistance. Quant à l'émotion que je craignais de ressentir, elle n'eut même pas le temps de se produire. Beaucoup d'autres matérialisations se manifestèrent, toutes merveilleuses, incroyables pour ceux qui ne les ont pas vues. Ceci se passait rue du Bac, à proximité de mon domicile. Je m'étais aguerri au contact des « matérialisations » et je fréquentai ce groupe régulièrement ; j'y étais désormais bien reçu, presque désiré, car j'avais produit une impression favorable, conquis la confiance et j'étais chargé de réveiller et de dégager le médium.

A force de fréquenter ce groupe, je me liai avec les nombreuses « matérialisations » qui se manifestaient, presque toujours les mêmes d'ailleurs, ainsi qu'on fait connaissance avec des personnes auxquelles on a été présenté. Or, comme il arrive lorsque vous êtes introduit dans une société, votre sympathie va naturellement, et même involontairement, vers la personne qui vous plaît le plus, je portai donc le plus tendre de moi-même, parmi les matérialisations, sur une jeune religieuse, morte à vingt ans, dont on connaît la vie terrestre et le couvent qu'elle habitait. Sa grâce, sa jeunesse et sa beauté m'avaient respectueusement enflammé. Elle répondit à mes avances, verbalement, et par des gentillesses, me caressant la figure et me donnant sa main à baiser. Bref, nous nous aimions !

Le motif de la rupture qui eut lieu, par la suite, entre le fameux médium et son éminent guide, nous importe peu, mais il y eut rupture complète. Le médium étant dégagé de toute obligation, je résolus de me l'approprier et l'invitai à venir chez moi. Il exprima sa satisfaction de la réception qui lui fut faite en termes anglo-français, car il connaissait très peu notre langue, et il fut convenu qu'il donnerait des séances à mon domicile. J'en éprouvai d'autant plus de plaisir que, par ce moyen, j'attirais chez moi la jeune religieuse. Mes séances avec ce médium furent inimaginables de beauté et le compte rendu de l'une d'elles fut publié *in extenso* en première page dans le « *Journal* » qui s'était fait représenter par l'un de ses principaux rédacteurs, en date du dimanche 14 juin 1914, six semaines avant la guerre. Un autre compte rendu d'une séance analogue avait été précédemment publié par l'une des principales revues psychiques. « *La Vie Mystérieuse* », en date du 10 avril 1914. Je reproduis plus loin ces deux articles.

Mais la guerre éclate et vient interrompre le cours de nos séances. Le médium part pour Londres. Adieu, mes réunions sensationnelles ! Adieu, mon médium, si merveilleux ! Adieu, ma chère religieuse, si aimable, que j'aimais tant et dont j'étais aimé ! J'étais désolé de cette séparation et, dans le vide où je me trouvais, il ne me restait plus que mes souvenirs ! Cela ne me suffisait pas et je ne pouvais m'empêcher de penser à ma religieuse qui, elle aussi, devait souffrir de cet éloignement.

Ne voulant pas rester inactif, je me remis au travail, c'est-à-dire que je fis venir quelques médiums de qualité secondaire, autant pour m'occuper que pour voir... Pas de « matérialisations » naturellement, avec ces médiums ! Quelques manifestations physiques simplement. Cela durait ainsi depuis un an et demi, quand un soir, ayant reçu quelques amis à ma table, pour évoquer le souvenir de mes belles séances d'antan, j'eus l'idée de leur proposer d'improviser une séance. La femme de l'un d'eux consentit à entrer dans le cabinet noir. On fit jouer la musique, alors que mes convives et moi, nous formions le public. Quel ne fut pas mon étonnement d'entendre des coups frappés, les rideaux du cabinet s'ouvrir seuls et d'obtenir un essai d'écriture ! J'entrepris de développer cette faculté. Je renouvelai la séance, les manifestations furent encore plus prononcées. A la troisième séance, une amie du médium récemment découvert, qui avait assisté aux réunions antérieures à la guerre et qui connaissait aussi bien que moi nos apparitions, me dit soudain : « Il me semble avoir entendu la voix de la religieuse ! ». C'était vrai ! La voix se rapprocha de moi, je la reconnus, et nous causâmes, conversation pleine de bonheur réciproque, de tendresse, de projets.

A la séance suivante, la religieuse fit usage des écrans lumineux et se montra aussi belle, aussi gracieuse qu'auparavant. Elle parla et écrivit, et à la stupéfaction de l'assistance, s'avança même pour m'embrasser. Ainsi, voilà que cet esprit, dont j'avais fait la connaissance chez un guide étranger, n'apparaissant qu'aux séances données par son médium anglais, et faisant partie du groupe d'esprits familiers de ce médium, quitte son groupe alors à Londres, traverse la mer pour venir chez moi, poussé et guidé par son affection, au moment précis où, sans même penser à lui, j'installe, chez moi, une personne comme médium débutant. Je trouvais cette manifestation merveilleuse et propre à ouvrir les plus vastes horizons à des futures études.

Une amie de ce médium me demanda de me rendre compte si, elle aussi, posséderait des effluves spirites. J'acquiesçai à son désir, et à mon grand étonnement, elle produisit, dès la première séance, quelques manifestations spirites, puis aux séances suivantes, des « matérialisations ». Et c'est ainsi que, par hasard, je découvris ces deux médiums. J'en trouvai également un autre parmi les témoins de ces séances. C'était une jeune fille, très frêle, qui voulut expérimenter sa médiumnité possible. Elle fut installée dans le cabinet noir avec tout l'apparat d'une grande séance spirite, et elle aussi obtint des manifestations semblables aux précédentes. Je reconnus que la délicatesse de son tempérament empêchait le développement de ses facultés médiumniques.

Mais ma surprise n'en était pas moins à son comble. Je pensais avoir soulevé le voile du mystère et découvert le secret de transformer chaque sujet en médium à « matérialisations ». Je le croyais du moins, grâce à l'ambiance dont je saturais la pièce par l'emploi des fleurs; des parfums, des vibrations harmonieuses de la musique, des bons fluides que doivent s'efforcer de dégager les assistants, ainsi que ceux qui sont dégagés par le médium. Ce dernier doit apporter à l'exercice de sa fonction la plus grande sincérité et la plus parfaite croyance possibles. Encouragé, enthousiasmé par ces succès, désireux d'établir une méthode sûre, une base solide pour obtenir des apparitions au moyen de ces procédés et afin de confirmer mes hypothèses, j'invitai toutes mes relations à passer dans le cabinet noir, parents, amis, amateurs de sciences occultes, bref, toutes les personnes de bonne volonté paraissant disposées à subir l'épreuve. Le résultat fut moins brillant et je ne découvris que quelques sujets seulement sur la quantité des personnes expérimentées. Beau succès cependant de trouver, au hasard, des futurs médiums qui, par l'éducation médiumnique, dont il sera parlé en détail dans un chapitre spécial, produiront des matérialisations capables de rivaliser avec celles des plus grands médiums connus, et cela après quelques séances de développement !

Ce succès tient à ce que ces médiums dégagent, durant leur sommeil, des fluides spéciaux, en harmonie avec ceux des esprits, ces derniers s'en emparent pour les unir aux leurs et emploient ces forces réunies à se matérialiser. Ce fut tout simplement le hasard qui m'avait fait découvrir ainsi trois futurs médiums dans les trois personnes successivement expérimentées.

Ces personnes de leur propre aveu, avaient déjà, à certaines époques et à différentes reprises, subi l'influence de magnétiseurs de profession ou d'amateurs, lesquels avaient préparé, aiguisé, pour ainsi dire, les états de sensibilité et de sommeil de ces sujets, sans se douter du parti heureux qu'accidentellement j'en tirerais plus tard. Mais ce cas peut se présenter encore, et sur dix personnes que vous étudiez il est possible que vous en trouviez trois de suite qui répondent aux conditions médiumniques.

Qu'on n'aille pas penser un seul instant que j'étais pour quelque chose dans les phénomènes obtenus, que mes suggestions influençaient le cerveau des médiums et provoquaient l'extériorisation des fluides ! Nullement, car s'il en avait été ainsi, j'eusse rendu médiums bon nombre de personnes qui, malgré tous mes efforts, n'ont pu être développées et, cependant, je désirais très vivement les employer à ce titre. Ayant à ma disposition un si grand nombre de médiums, formés par moi comme ils auraient pu l'être par toute autre personne, j'en employais souvent deux ou trois à mes séances, et cela très avantageusement.

J'ouvris alors les yeux et m'aperçus de la gravité de mon erreur première, lorsque j'espérais obtenir des « matérialisations » sans le concours de médiums spirites. Il fallait faire tout le contraire et rechercher les médiums à « matérialisations ». Certes, je n'y songeais point et n'y penserais pas encore, à l'heure actuelle, si le hasard ne m'avait secondé au cours de mes recherches.

Je remarquai, d'abord, que les médiums à « matérialisations » n'étaient pas rares ; ensuite, qu'un médium était absolument indispensable pour provoquer toutes manifestations d'entités, apparitions ou matérialisations. Partant de ce principe, que je reconnus parfaitement juste, je me jetai à corps perdu dans les mystères de l'Au-delà. Comme je n'avais que l'embarras du choix parmi mes nombreux médiums, j'éliminai les plus faibles, tout en les gardant à ma disposition, et je développai les plus forts. Je remarquai que les femmes brunes, bien constituées, me fournissaient les meilleurs contingents. Parmi celles-ci, je choisis encore la meilleure, une Italienne très brune, de bonne corpulence, qui n'avait jamais fait de spiritisme, ni de magnétisme, et à laquelle j'avais reconnu de réelles qualités spirites. J'entrepris de la développer spécialement. J'obtins des résultats splendides et donnai avec ce médium des séances merveilleuses dont on lira plus loin quelques procès-verbaux.

Ces séances firent sensation, on en parla dans plusieurs journaux en termes élogieux. Je reproduis également ces articles vers la fin de ce volume. Ce médium n'était pourtant que l'un de mes nouveaux élèves, ignorant totalement ses dons, formé par moi en quelques séances, comme chacun pourra le faire désormais, je l'espère.

C'est alors que ma jeune religieuse vint me voir à loisir et me témoigner son affection par ses caresses, ses baisers et les fleurs qu'elle m'offrait avec force compliments, choisissant toujours les plus belles. L'instant où elle s'approchait de moi pour m'embrasser était très palpitant et constituait la manifestation la plus intéressante de nos séances. Elle ne manquait à aucune, et ne nous quittait jamais sans m'avoir donné cette marque de sa tendresse. Je renouvelai fréquemment les séances avec le même médium et beaucoup de personnes ont pu constater ce phénomène.

La religieuse ne s'en tenait pas là ; elle m'écrivait des choses aimables, voire même des phrases d'amour, imprégnées cependant d'une légère nuance spirite, tel ce document en date du 26 mai 1917, faisant partie de mon importante collection d'écritures directes : « Toi, Achille, notre Maître, veux-tu mon âme dans une étreinte ? ». Les esprits paraissent avoir une certaine habitude de ces écrits, car leurs lettres sentimentales sont très fréquentes. Ils semblent se complaire à exciter l'imagination des humains. Ceci est confirmé par une aventure qui est arrivée à M. C..., un de mes amis, et en même temps un collaborateur qui, sous ma direction, est devenu un guide spirite. De plus, il possède la qualité spéciale de médium écrivain. Comme le cas est très intéressant, il a sa place tout indiquée ici.

M. C... vint me trouver un jour et, sous l'empire d'une réelle émotion, il me raconta qu'en évoquant les esprits, il s'était senti pris moralement, physiquement, et plus fluidiquement encore par un esprit de la nature et de la personnalité duquel il se doutait bien un peu, et avec qui il communique fréquemment au moyen de l'écriture médiumnique, et parfois par la médiumnité auditive. Ce n'était, certes, pas une incarnation, car il sentait l'esprit près de lui et provoquant en sa personne toutes sortes d'émotions et de sensations, il fut si surpris, si profondément troublé par cette manifestation inattendue, qu'il vint m'en informer dès le lendemain.

Connaissant le caractère posé et réfléchi de mon ami, l'examen minutieux et l'étude approfondie qu'il fait de toute manifestation spirite, je n'hésitai pas à ajouter foi à son récit. Cependant, comme je suis un sceptique, je laissai une marge à l'incrédulité et me tins ce raisonnement : M. C... n'aurait-il pas été le jouet d'une hallucination ? Son cerveau surexcité par la fréquence des communications intensives avec les esprits, ne l'aurait-il pas porté à voir des choses irréelles ? Ou bien n'aurait-il pas été sous une influence nerveuse d'autosuggestion ou d'animisme ? Bref, je voulus avoir une preuve certaine de l'empressement et de l'affection de ce cher esprit à son égard. A cet effet, j'engageai M. C... à venir chez moi, le lendemain, à trois heures de l'après-midi, afin de se rencontrer avec un de mes élèves médiums auquel j'avais fixé cette heure pour sa troisième leçon de développement médiumnique. Tous deux furent exacts au rendez-vous. Je les présentai l'un à l'autre sans leur faire connaître la raison pour laquelle je les avais invités à cette séance. Ensuite, je plaçai le médium dans le cabinet noir. M. C... et moi nous étions assis en face, à deux mètres environ du médium, et nous tenant par la main. Dans le cabinet noir avaient été disposées des fleurs et une table sur laquelle on avait placé du papier et un crayon. A peine installés, nous perçûmes des bruits, et certaines manifestations qui ne nous laissaient aucun doute sur la présence d'un esprit ; lequel ? Nous l'ignorions encore. Je dois dire que le médium placé dans le cabinet noir était « entransé », c'est-à-dire dans le sommeil profond. Tout à coup, toutes les fleurs furent projetées en une seule masse sur les genoux de M. C... ; il ne m'en avait été réservé aucune, à ma grande déception, je l'avoue. Puis nous entendîmes le crayon courir sur le papier et, enfin, quelques coups frappés nous firent comprendre que la séance était terminée. Elle avait duré exactement vingt minutes. Nous nous sommes levés, avons rétabli l'ordre dans la pièce après avoir réveillé le médium, puis notre attention s'est portée tout entière sur l'écriture. La phrase n'était pas longue, mais combien troublante ! Elle était adressée à M. C... et ainsi conçue : « Mettre mes lèvres sur les tiennes, et prendre ta vie qui nous sépare ». Cette note était signée et paraphée par un esprit dont on m'excusera de ne pas révéler le nom. Or, cette écriture, cette signature, ce paraphe, étaient absolument semblables à ceux qu'obtient M. C... dans les communications confidentielles de ce cher esprit.

Mais voici le plus curieux : sur la partie de la feuille de papier restée en blanc, se trouvaient des points, comme jetés au hasard, au milieu desquels un soulignement répété et très accentué semblait préciser un endroit. Il y avait là, pour nous, une énigme. M. C..., surpris, autant que moi, mais plus heureux, car cette merveilleuse manifestation le concernait personnellement, emporta la précieuse feuille. Le lendemain, il éprouva une sensation nerveuse dans le bras droit et une irrésistible envie d'écrire. Il prit le registre qu'il réserve aux écritures médiumniques et, sous l'impulsion de l'esprit, qui fréquemment lui donne des communications d'une si haute portée philosophique et d'un style si élevé que certaines publications se font un honneur de les reproduire, il eut l'explication des points soulignés. Il apprit que c'était bien le même esprit qui avait, à la séance de la veille, écrit la communication. Cet esprit de grâce et de bonté, remémorait à M. C... les manifestations qui s'étaient produites la veille, et il lui apprit que les points représentaient la disposition des planètes et des étoiles des constellations d'Orion, des Gémeaux et du Taureau ; et le soulignement marquait la demeure céleste où se tient plus particulièrement cet esprit. M. C..., grand chercheur, tenant à éclaircir ce troublant mystère, consulta la carte du Ciel dans les œuvres admirables de Camille Flammarion et dans le « Larousse Illustré ». Il reconnut, à sa grande stupéfaction que la disposition des points marqués par l'esprit, correspondait exactement avec celle des constellations figurées sur la carte du grand savant. Depuis, M. C... a de fréquentes communications avec ce bon esprit qui, un jour, se montra à lui, souriant, complètement matérialisé, inopinément, sans préparation aucune et en pleine lumière du jour : à deux heures de l'après-midi.

Il serait contraire à la vérité de prêter à cet esprit des intentions légères ; on en jugera par cette pensée, glanée parmi tant d'autres, qu'il exprima à son ami C... : « Je voudrais pour ton repos, que la mort, si belle et si douce, vienne te surprendre au milieu d'une action charitable ». Quant à la moralité de M. G..., elle se montre dans ces mots qu'il a écrits : Elever son âme, c'est abaisser sa matérialité ». M. C... ne craint pas de faire connaître sa qualité de spirite, ni ne recule devant l'attestation d'une vérité. C'est pourquoi j'ai le plus grand plaisir à faire ici état de son autorisation :

« Cher Monsieur et Ami,

Ayant pris connaissance, dans votre œuvre, du passage qui me concerne personnellement, et dont je reconnais la rigoureuse exactitude des faits cités, je vous autorise à faire de cette attestation l'usage que vous estimerez utile.

Bien fraternellement, etc. »

J.-B. Cordonny, artiste-peintre.

9, Bd Bonne-Nouvelle, Paris.

Si j'invitais un public nombreux à nos intéressantes séances, la religieuse, de son côté, ne restait pas inactive ; elle amenait avec elle d'autres religieuses, des poètes, de « bonnes amies à elle », selon sa propre expression, des actrices et même des danseuses arabes. Tous ces esprits se matérialisaient l'un après l'autre, parfois simultanément, et faisaient l'admiration des assistants. Et les séances se multipliaient, et les matérialisations se produisaient de plus en plus nombreuses, de plus en plus belles, nous charmant par leurs grâces, leurs délicates manifestations, leurs conversations et leurs écritures.

Si l'on admire avec raison tous ces merveilleux phénomènes, on remarquera que la religieuse rassemblait chez moi un groupe d'esprits familiers dont elle était non seulement la créatrice, mais encore la directrice, un de ces groupes de réputation mondiale, dont on parle dans l'histoire du spiritisme. Et, le croira-t-on ? Elle me pria instamment de ne point parler de sa présence chez moi, ni de ses amis de l'Au-delà, au médium de Londres à qui elle était habituellement attachée, mais dont elle avait déserté le groupe pour venir, poussée par son amour, s'installer dans ma maison. Je rappelle en passant que ces faits sont rigoureusement exacts, ainsi que tout ce qui va suivre. Je remarquai bientôt que ma religieuse, tout comme une petite femme gâtée que l'on installe chez soi, commençait à changer de ton, parlait avec une autorité de plus en plus grande, manifestait des désirs, surtout celui d'être obéie. Madame voulait que je publiasse des articles dans les journaux ; puis il lui était agréable que je me fisse photographier ; elle préférait maintenant le piano à la musique mécanique et d'autres fantaisies encore, à l'exécution desquelles je commençais à apporter une sérieuse résistance. Il y avait de l'orage dans l'air astral !

Ma religieuse se montrait de plus en plus exigeante, et, bien qu'elle ne nous apparût à cette époque que deux fois par semaine en moyenne, à force d'empiéter sur nos droits respectifs, elle était devenue la maîtresse absolue de son personnel d'esprits et de mon personnel terrestre. C'est encore elle qui, au cours des apparitions, fixait le jour et l'heure de la séance suivante, ainsi que le nombre des assistants, qui choisissait les médiums en les désignant par leurs noms, ordonnait d'employer telle sorte de musique et de jouer tel air. Afin qu'il n'y eut point de malentendu, elle écrivait ses recommandations avant de prendre congé de nous. Je voyais l'instant où je serais complètement dominé.

Cette religieuse, esprit ou fantôme, avec laquelle je communique si intimement lors de ses apparitions et avec qui tous mes invités peuvent causer, se matérialise d'une façon si complète qu'on se demande comment elle s'y prendra pour se séparer de nous et disparaître. Ses manières, sa conversation avec les assistants, ses promenades au milieu de nous, les caresses dont elle honore quelques privilégiés, ses distributions de fleurs justifient cette perplexité. Cependant, dès qu'elle dépose à terre ses écrans lumineux l'apparition devient invisible et n'existe déjà plus. Etant donné cette « matérialisation » si parfaite, j'avais l'intention de prier un jour la religieuse de s'asseoir à notre table et de nous faire photographier.

Aucun de mes amis, au courant de ces étonnants progrès, n'aurait osé soutenir l'impossibilité de cette manifestation, pas plus que de mon projet de faire apparaître l'esprit qui se révèle lorsqu'on fait la «table tournante ». J'étais en droit de nourrir tous les espoirs, tant j'étais enthousiasmé par ces succès et par les encouragements des esprits qui déclaraient souvent que j'avais une mission spirite à remplir, et que mes expériences étonneraient le monde entier ! Alors mon imagination me suggérait les idées les plus fantastiques. Je regrettais, par exemple, de n'avoir pas fait du spiritisme vingt ans plus tôt, afin d'avoir aujourd'hui la puissance, par l'intermédiaire de mes esprits familiers, de former dans l'Au-delà, des légions de fantômes constituées par les esprits de nos anciens guerriers disparus depuis des siècles, pour aller, en des chevauchées flamboyantes, foudroyer nos redoutables ennemis. Enfin, savions-nous à quelles hauteurs nous pourrions atteindre, puisque le voile de l'Au-delà paraissait se lever entièrement pour nous !

Hélas ! Les trompeuses paroles des esprits étaient aussi vaines que mes projets grandioses ! Cependant, la religieuse s'entêtait dans ses exigences jusqu'à leur réalisation, comme en témoigne cette demande de piano à la place de musique mécanique : le 25 novembre 1916. Paroles de la religieuse, confirmées, en outre, par une écriture directe :

« Mon Cher Achille,

Je serais contente qu'un de ces soirs vous me donniez une grande séance avec mon petit médium qui jouerait du piano ; comme je serais heureuse !... ce serait bien beau ! ».

La religieuse n'ayant pas obtenu satisfaction, devient plus impérative, et voici ce qu'elle dit et écrit le 2 décembre :

« Cher Achille,

Je veux, entendez-vous bien, avoir une grande séance avec musique, mais au piano ; de beaux morceaux que j'entendais autrefois. Dites, voulez-vous bientôt... oui ? ».

Le 5 décembre, le guide n'ayant pas encore accédé à la demande de la religieuse, celle-ci devient agressive :

« Bonsoir, Achille, dit-elle, je ne viendrai plus vous voir si vous ne me donnez pas une séance avec musique au piano. Voilà comment je veux que cela marche : mon petit médium ici présent s'endormira et mon excellente petite amie médium Norah fera la musique. Je sais qu'elle joue admirablement du piano dans l'obscurité. — Là ! — Voilà ! ».

Enfin, le 23 décembre, toutes les conditions étant réunies pour plaire à l'esprit familier, il nous en témoigne comme suit son contentement :

« Cher Achille,

Je vous remercie de votre gracieuse assistance ; je remercie sincèrement mon petit médium Norah de faire de la si belle musique ! Merci aussi à l'autre petit médium, je les aime beaucoup tous les deux. Je suis heureuse, beaucoup, beaucoup ! ».

Et ces lignes un peu plus sérieuses :

« Achille, je désire voir ton portrait publié en première page d'un grand journal ; je veux que ton nom soit connu en Angleterre, en Espagne, en Italie, en Amérique, dans le monde entier, afin qu'on soit prévenu de tes succès futurs »[1].

Mon portrait parut donc en première page, et pour bien dire, sur la couverture d'une très belle publication. « Le Cri de France », en date du samedi 3 février 1917, et il était, ma foi, fort bien réussi. Dans ma satisfaction, je m'empressai de placer un médium dans le cabinet noir et de faire venir la religieuse, pour recevoir ses compliments et être gratifié pour la peine, de belles manifestations. Contrairement à ce que j'attendais, elle ne se montra nullement satisfaite.

« Achille, me dit-elle, je t'avais dit que je voulais ton portrait dans un journal très répandu et tu ne m'as pas donné satisfaction. Je te donne quinze jours pour que cela soit fait ».

Mon portrait parut donc à nouveau, cette fois-ci, dans « *l'Intransigeant* », en date du mardi soir, 27 mars 1917. Je crus avoir gain de cause, pas du tout :

« L'Intransigeant, me dit-elle, n'est qu'un journal du soir ; je veux que ce soit un de ces grands quotidiens qui sont beaucoup plus connus et qui paraissent le matin ».

. . .

---

1. Remarque curieuse ! La religieuse ne cite aucune des puissances avec lesquelles nous étions alors en guerre.

Aussitôt je cours... un peu partout. Cela demande beaucoup de temps pour être introduit dans le cabinet d'un chef de rédaction, voire d'un simple rédacteur, et pour expliquer le but d'une visite de ce genre, surtout en pleine guerre.

Bien que je fusse prêt à verser la somme de 500 francs pour activer cette publication et que l'un de mes secrétaires eût déjà entamé des pourparlers avec un grand quotidien qui laissait espérer une heureuse solution, les circonstances voulurent que je donnasse une séance spirite avant la publication. J'allais revoir la Sœur ! Si je n'avais pas encore réussi à lui donner satisfaction, j'étais cependant en mesure de lui fournir des explications valables et plausibles sur l'exécution de son ordre. Ma religieuse apparut donc, mais hélas ! Courroucée ! :

« Achille, me dit-elle, tu n'as pas fait publier ton portrait dans le temps que je t'avais fixé, maintenant il est trop tard, je ne veux plus que tu fasses cette publication ».

Je respirais ! J'économisais du temps et... mes 500 francs.

« Et, continua-t-elle après un instant de réflexion, comme tu avais l'intention de donner cinq cents francs pour cette publication, nous allons employer cet argent à une œuvre utile. Tu verseras cette somme de cinq cents francs à Madame (en me la désignant par son nom), car elle ne se plaint pas, mais elle est très malheureuse et je m'intéresse beaucoup à elle ».

Que répondre à cela, hélas ! Il ne me restait qu'à m'exécuter ; c'est ce que je fis.

Il plut ensuite à la religieuse, et elle l'exigea impérieusement, de me faire donner des séances seul, pour bien me tenir et me torturer moralement. Quelle femme ! Il ne lui suffisait pas de m'écrire des billets aigres-doux, parfois d'une grande violence, qu'elle plaçait à part des autres écritures destinées aux assistants, sur la petite table, bien pliés, à mon adresse et portant la suscription : Personnel. Ce n'était pas assez de me sermonner publiquement, de m'adresser même des paroles si menaçantes que les assistants, tout émerveillés qu'ils étaient, s'en allaient sous l'empire de la peur et de craintes pour ma personne. Je préparai donc une séance dans mon salon, disposé et paré comme si j'eusse attendu cinquante personnes. J'étais seul, assis au milieu de ma grande pièce, la boîte à musique sur une chaise près de moi, et toutes portes bien closes. Les grands rideaux s'ouvrirent presque aussitôt avec violence et tout de suite la religieuse apparut. Simple présentation. Elle disparut quelques instants après.

D'autres matérialisations se montrèrent d'un charme et d'une beauté tels, que je regrettais bien d'être seul à contempler d'aussi jolies personnes. Une Mauresque, notamment s'approcha de moi avec son opulente poitrine, ses beaux bras nus, ses draperies légères, d'une blancheur de neige, son visage voilé et ses grands yeux noirs qui me regardaient fixement et semblait me dire bien des choses que je comprenais, à tel point que je me promettais d'avoir plus tard, avec elle, quelque explication en séance « seul à seule », si possible. J'étais émerveillé : mon amour-propre était très flatté de voir les esprits se dépenser pareillement et venir en si grand nombre pour me charmer personnellement. Il est vrai qu'avant la séance, j'avais prié les esprits de ne pas abuser de ma confiance et de ma solitude, de ne me faire voir que de belles choses et rien de terrifiant.

Mais la scène changea et devint plus extraordinaire encore. La religieuse apparut de nouveau parfaitement matérialisée, merveilleusement jolie sous ses voiles plus légers et plus blancs que jamais. Elle donna un écran lumineux à tenir à un esprit placé à sa droite. Celui-ci s'en saisit et projeta la lumière sur moi. Elle procéda de même avec un esprit placé à sa gauche, de sorte que j'étais éclairé d'une façon intense. Alors elle s'avança vers moi à pas lents, paraissant plutôt glisser sur le sol. Elle me prit la tête entre ses mains et m'embrassa. Elle ne se retira point, mais restant debout devant moi, me touchant presque, elle m'entretint pendant près d'une heure de sujets divers, de nos médiums, des habitués de nos séances, de nos amis, de ceux de l'Au-delà qui, comme elle, nous favorisent de leurs apparitions dont quelques-uns restent voilés, comme par crainte d'être reconnus. Alors elle me dit leurs noms, ce qu'ils faisaient jadis sur terre et ce qu'ils font maintenant au ciel, me vantant leurs qualités et leur beauté. Elle me parla aussi de l'organisation de nos séances futures et m'annonça des choses très tristes concernant la santé de quelques-uns de nos amis. Elle me donna de bonnes nouvelles de ma mère, morte depuis un an environ.

Ma mère m'est apparue quatre fois déjà, avec l'aide des esprits. Comme elle était âgée et un peu paralysée au moment de sa mort, et qu'elle apparaît dans le même état, c'est-à-dire qu'elle ne peut se mouvoir que difficilement, un jeune esprit l'accompagne dans ses « matérialisations », la soutient de son bras, se baisse pour ramasser l'écran lumineux, le lui place dans la main et l'aide à s'en servir. Bref, l'on voyait deux « matérialisations » simultanées ; la dame âgée vêtue de crêpes noirs et à côté d'elle le jeune esprit qui, tel un ange, resplendissait de blancheur. Les assistants, et ma famille elle-même, ont constaté ce phénomène et reconnu la personne dont je parle.

Mais je reviens à la religieuse. Pendant qu'elle m'entretenait, il se passait autour de moi, dans mon salon, des scènes stupéfiantes. La pièce était envahie par des esprits ; les uns m'entouraient, d'autres ouvraient ma vitrine et en dispersaient les objets ; il y en avait qui poussaient les meubles, frappaient sur les portes ; d'autres, enfin, tapaient sur le piano qu'ils avaient ouvert, puis refermé[2].

Enfin, après une longue conversation, la religieuse m'embrassa de nouveau longuement très affectueusement, et, avant de se retirer, elle me demanda si je désirais encore voir quelques-uns de nos amis. Sur mon refus très courtois, car j'en avais assez vu et entendu, durant cette émouvante soirée, elle se retira enfin, non sans avoir échangé encore d'amicales paroles d'adieux, et me laissa seul, abasourdi, comme au sortir d'un rêve, pensant combien le public est loin de se douter que des phénomènes qui passent pour surnaturels, sont si naturels chez moi, en l'an 1917, en plein Paris, et pour préciser, 50, rue de l'Université, en attendant qu'ils se généralisent par l'étude et par la vulgarisation.

Je réussis, un jour, à obtenir des esprits la permission de faire

---

2. J'ai remarqué en lisant la *Revue des Hautes Etudes Philosophiques* : l'« Initiation », décembre 1904, Paris, 23, rue Saint Merri, que certains phénomènes que je rapporte de cette séance ne sont pas nouveaux. Voici ce qu'écrivait, en 1792, Jacques Cazotte : « Ce matin, pendant la prière où nous étions réunis ensemble sous le regard du Tout Puissant, la chambre était si pleine de vivants et de morts de tous les temps et de tous les pays, que je ne pouvais plus distinguer entre la vie et la mort, c'était une étrange confusion et pourtant un magnifique spectacle ».

assister à une de mes séances de ce genre, l'un de mes secrétaires, qui eut ainsi la grande faveur de constater ces phénomènes extraordinaires, causant lui-même avec les esprits, témoin de leurs manifestations, non sans en éprouver une certaine frayeur. Ce jour-là, surtout, nous étions très désireux de voir la fin de la séance. Enfin, au cours des différentes séances « seul à seule », la religieuse se montra si exigeante, exprima des désirs si difficiles à réaliser, tout cela accompagné de menaces si terribles que je refusai finalement d'accepter de la faire venir quand je serai seul. Un conflit assez sérieux devait fatalement naître de cet antagonisme ; la mauvaise volonté de part et d'autre entravait le chemin de la réconciliation et du rapprochement.

Nos désaccords portaient sur les séances. La religieuse en voulait une solennelle chaque semaine, leur fréquence facilitant ses matérialisations et celles de ses amis ; et moi, je ne voulais lui en donner qu'une ou deux par mois, trouvant que c'était bien suffisant. Elle se vengea une fois, tout en paraissant accéder à mon désir, en fixant à quinzaine la date d'une séance où elle promettait de venir avec de nombreux amis à elle dont de charme de quelques-uns m'était connu, et elle me pria, en outre, d'inviter beaucoup de personnes. Je donnai donc cette séance, mais les esprits ne se montrèrent pas. Les manifestations furent très nombreuses, ce qui prouve que les entités étaient bien présentes, mais aucune ne se fit voir.

A la séance « seul à seule » que j'offris à la religieuse, quelques jours après, pour lui demander la raison de cette défaveur, elle me répondit bel et bien que c'était une vengeance. C'est alors qu'elle me fit des propositions nouvelles, des promesses de séances merveilleuses, mais à des conditions si dures qu'on ne peut se faire une idée de la difficulté de leur réalisation, ni de l'énormité des dépenses qu'elles exigeaient. Vraiment, c'était à y renoncer ! Malgré ces obstacles, voulant quand même lui donner satisfaction, dans l'espoir que cette dernière épreuve me rendrait méritant et digne des plus grandes faveurs, j'essayai par tous les moyens de réaliser ses terribles exigences.

Une fois vainqueur, fier de moi-même, et Dieu sait si je pouvais l'être ! Je fis venir la religieuse. Pour la peine, elle m'imposa des conditions plus dures encore, en me donnant des raisons si convaincantes et avec une telle subtilité, que nos plus grands avocats auraient pu se montrer jaloux de son éloquence et de son art de persuasion. Elle n'hésita point à me faire des menaces de mort si je ne m'exécutais pas. Mais, cette fois, j'en avais assez et je ne tins compte de rien. Je refusais de me ruiner, donc c'était la rupture, c'était la guerre ! J'eus envie de donner une dernière séance à l'intention de quelques docteurs et spirites de mes amis, dont les uns n'avaient pas encore vu nos esprits, et que les autres voulaient revoir une dernière fois. Ce fut le 16 août 1917. J'espérais qu'avec un public de choix il ne se produirait rien de fâcheux. Quant aux séances en tête à tête avec mon apparition j'y avais totalement renoncé.

La soirée débuta assez bien ; nous avions vu déjà plusieurs matérialisations, quand, tout à coup, au moment où nous nous y attendions le moins, la religieuse pria l'assistance de se retirer et d'aller attendre dans la pièce voisine, excepté moi, qui devais rester à ma place. Le public s'empressa d'exécuter cet ordre sur la seule injonction de l'esprit et sans qu'il fût nécessaire de le réitérer. La religieuse m'eut donc, encore, une fois seul avec elle. Après une demi-heure, les assistants qui avaient entendu le bruit d'une discussion sans pouvoir, toutefois, en démêler les termes, se réinstallèrent à leurs places et la séance fut reprise. Ce que la religieuse me dit, durant notre entretien seule à seul, dépassa de beaucoup les exigences qu'elle m'avait déjà manifestées. Je ne donnai suite à aucune de ses réclamations. C'était fini, bien fini..., provisoirement peut-être !

Et voilà pourquoi, attendant malgré tout quelque nouvelle manifestation, j'hésitais donner satisfaction à mes amis qui avaient hâte de me voir publier « *le Livre Pratique des Spirites* ». Leur demande, quasi inopportune, arrivait au moment où, arrêté dans mes études, déçu, désemparé, je me perdais dans l'inconnu, n'entrevoyant plus que le néant ! Je vécus dès lors dans une inquiétude qui serait arrivée, si je n'avais réagi, à affecter sérieusement mon moral et ma santé physique. J'étais troublé à un tel point que je me demandais si j'avais bien la conscience tranquille ou si un malheur prochain, que je soupçonnais et dont l'imminence me hantait, n'allait pas bientôt me frapper.

Mon cerveau, ébranlé par cette transition brutale d'un passé sublime à un présent de tortures, cherchait en vain des raisons qui pussent le fortifier et l'empêcher de sombrer. Dans cet état incohérent et terrifiant, je suspendis mes séances, par prudence, laissant en repos les grands esprits et aussi le mien, si petit et si frêle. Je désirais, néanmoins, tenter un essai, changer l'ambiance, les médiums, les esprits, mais hélas ! Pour aboutir peut-être à la longue aux mêmes résultats décevants.

La pensée que le Créateur a fixé une limite au spiritisme, comme à toutes choses ici-bas, est peut-être la seule et vraie raison à laquelle nous devions nous soumettre.

C'est déjà un résultat beau et consolant de pouvoir communiquer avec les esprits et revoir parfois, souvent même, nos chers disparus. N'en demandons pas trop, et puisque nous avons l'espoir d'une autre vie meilleure, contentons-nous, pour l'instant, de vivre notre vie terrestre.

D'ailleurs, les entités de l'Au-delà, avec lesquelles je me suis entretenu, m'ont toutes déclaré qu'elles préféraient leur vie céleste à la nôtre. On remarquera que, dans mon récit, je n'ai cité ni noms, ni paroles violentes des esprits, ni chiffres ; ordre des esprits ! En quelque sorte « censuré » ! Et, je ne le cache pas, je l'ai fait aussi par crainte, car, lorsqu'on connaît le caractère de ces entités, on finit par en avoir un peu peur. Quand, par exemple, un esprit menace d'empêcher la publication du présent ouvrage, avouez que ce n'est ni agréable, ni encourageant pour l'auteur.

Mon histoire terminée, j'éprouve, malgré moi, deux remords : le premier, d'avoir volontairement privé mes lecteurs d'un spécimen des lettres de la religieuse concernant des emplois de fonds et contenant des menaces. Je me décide à publier, parmi beaucoup d'autres, celle du 8 août 1917, écrite devant moi.

Mon second remords vient de ce que je divulgue ces confidences, malgré la défense formelle de l'esprit et ses paroles menaçantes. Cette correspondance, que je conserve précieusement, a un caractère tout à fait intime. L'esprit résume par écrit notre conversation, afin de n'en rien oublier, après m'avoir arraché presque de force des promesses, seulement verbales de ma part, et que je n'ai faites qu'avec l'intention de ne pas trop exciter son mécontentement et d'éviter ses représailles au cours des séances. A mon avis, paroles et écrits ont fini par constituer de violents et réels abus de confiance, bien que motivés par des raisons supérieures. Dans tous les cas, ma dernière résistance a causé la rupture, définitive, ou seulement passagère ? Je ne sais, avec ce charmant esprit que j'ai tant aimé !

Bravant mes hésitations et mes scrupules, voici donc ce que m'écrivait la religieuse le 8 août 1917, en écriture directe, bien entendu :

« Cher Achille,

Je veux que tu tiennes ta promesse. Qu'est-ce, que cinq mille francs quand on est millionnaire ? Tiens donc ta promesse, ou alors, crains-nous ! Nous t'abandonnerons, et la mort te frôlera de son aile. Alors tu le regretteras, mais tant pis pour toi, Dieu t'abandonnera.

Souviens-toi : tu lui remettras, comme tu as promis, ces cinq mille francs en valeurs, pour sa fille, et tu lui diras de n'en parler à personne. Toi, de ton côté, tu garderas le silence. Je t'aime, Achille, fais cela pour moi, pour Sœur Amy. Songe que tu as besoin de vivre pour ceux que tu aimes. Donc, ces cinq mille francs, tu les remettras cette semaine. Maintenant, chaque mois tu lui donneras ce que tu crois pouvoir faire. Je crois, en te disant : « Donne-lui 50 francs par semaine », que ce ne sera pas trop te demander, toi qui dépenses 50 francs par jour. Donc, cinq mille francs en valeurs, auxquels elle ne touchera pas, et 50 francs pour elle par semaine.

C'est notre protégée ; elle a assez souffert, tu as promis que ses dernières années seraient heureuses. Tiens donc ta promesse. Nous, nous tiendrons les nôtres vis-à-vis de ta santé. Je t'aime et j'ai espoir en toi ».

Sœur AMY

J'ai encore été ménagé dans ces dernières exigences, car, à la séance précédente, l'esprit m'avait ordonné de verser cinq cents francs par mois ! Il est donc revenu sur ses intentions. À l'issue de la séance, lorsque je me suis mis à lire, dans la solitude de la nuit, ce message confidentiel, alors que j'espérais enfin aller me reposer, on juge des inquiétudes qui hantaient mon cerveau. Et il en était toujours ainsi après chaque séance « seul à seule ».

J'avais déjà versé d'assez fortes sommes d'argent de divers côtés, comme il m'avait été ordonné ; mais devant une telle exagération, j'ai décidé de m'en tenir là et de couper court à une aussi pénible situation. J'ai été conseillé, d'ailleurs, par quelques maîtres de la science que je n'ai pas hésité à consulter sur mon cas. Ils ont été unanimes à me déclarer que, du moment que l'esprit m'engageait dans cette voie, il ne s'arrêterait pas et ne serait heureux et satisfait que le jour où il aurait achevé ma ruine.

— « Et après » demandai-je encore.

— Après ? Ils vous abandonneront complètement, sur un lit d'hôpital.

Ainsi donc, cher lecteur, et vous, cher spirite, et vous tous, chers amis, prenez garde et que mon histoire vous serve de leçon ! Si vous faites du spiritisme, faites-le prudemment.

POUR OBTENIR DES MATÉRIALISATIONS

Pour obtenir des matérialisations, il est indispensable d'avoir :

- Un cabinet noir,
- Un médium,
- Des écrans lumineux,
- Des fleurs,
- Une table avec papier et crayon,
- Des parfums,
- De la musique.

Les assistants doivent être croyants ou neutres, mais non hostiles.

Le guide, directeur de la séance, devra posséder quelques légères notions de magnétisme et observer les indications qui seront données dans les chapitres suivants. Dans cette ambiance, on pourra sûrement s'attendre à des manifestations et apparitions.

Je consacrerai un chapitre spécial à chacun des articles indiqués plus haut.

LE CABINET MÉDIUMNIQUE OU CABINET NOIR

L'installation de ce cabinet est très simple. Il se compose de deux étoffes noires, posées dans l'angle d'une pièce, et d'une troisième formant rideau, placée en avant de façon à constituer un triangle, un coin obscur, appelé « *cabinet médiumnique* ». C'est à l'intérieur de ce cabinet que devra s'asseoir le médium.

La dimension des deux étoffes clouées au mur est variable. Elle peut être de 1 mètre 25 de largeur environ. Le rideau de devant doit rejoindre exactement les extrémités des étoffes de droite et de gauche en encoignure. Leur hauteur sera en moyenne de 2 mètres 60, afin qu'un esprit matérialisé puisse évoluer librement.

Les deux étoffes du fond doivent descendre jusqu'au sol. Celle du devant, formant rideau, est un peu plus courte, c'est-à-dire qu'elle s'arrête à une distance de 5 centimètres du sol.

Le rideau doit être mobile ; il est donc nécessaire qu'il soit muni, à sa partie supérieure, d'anneaux glissant sur une tringle en fer. Les anneaux de bois sont préférables à ceux de fer ou en cuivre.

Si l'on désire perfectionner la disposition du cabinet noir, au lieu de poser en ligne droite une seule tringle destinée à supporter le rideau de devant, on partage celui-ci en deux parties égales que l'on place sur deux tringles dont les extrémités avancent au milieu en une pointe s'écartant de 20 à 30 centimètres environ de la ligne droite. Il est nécessaire de maintenir les extrémités des deux tringles réunies en pointe, au moyen d'un crochet fixé au plafond, ou d'une chaînette, ou de quelque autre lien solide, afin d'éviter la chute des rideaux.

Ces deux rideaux glissent sur les tringles par des anneaux de bois, comme il a été dit pour le rideau unique.

Cette disposition a l'avantage d'agrandir l'intérieur du cabinet du médium et facilite aux esprits, qui, au besoin, ouvrent eux-mêmes les rideaux, leurs apparitions et matérialisations.

Il ne faut pas que le rideau de devant touche le plafond ; il est nécessaire de ménager un intervalle.

On ne doit pas employer n'importe quelle étoffe pour l'installation de ce cabinet, mais de la flanelle noire, car elle retient les fluides.

Le cabinet noir n'est pas destiné à impressionner les assistants et à donner à la séance un caractère mystérieux, mais l'obscurité facilite la vue des fluides lumineux qui peuvent apparaître, l'évolution des esprits et leur formation, presque impossible à la lumière.

L'obscurité complète est donc préférable à l'emploi de toute espèce d'éclairage. Et, pour voir les apparitions, on prépare des écrans lumineux dont la description et l'emploi sont détaillés dans un chapitre spécial, sous le titre : « Les Ecrans lumineux ».

On pose un tapis à terre, dans le cabinet du médium, assez grand pour dépasser la surface de ce cabinet. Quand on appelle les esprits, on doit mettre tout en œuvre pour leur préparer une belle réception. Lorsque le guide a su habituer les esprits à venir, il peut, dans certains cas, procéder plus simplement.

Un jour, un esprit me dit : « Tu as l'intention de donner une séance à Versailles avec l'un de tes médiums : fixe-la tel jour, j'y serai. D'ici là j'ai une mission remplir. Ne te tourmente pas quant à l'installation : deux simples étoffes noires clouées au mur me suffiront ». Ce qui fut dit fut fait et la séance fut magnifique.

Bien que je n'aie recommandé le glissement sur tringle que pour le rideau de devant, qu'il soit en une partie, ou, ce qui serait préférable, en deux parties, on peut aussi, si on le désire, monter sur tringle et faire glisser de même les deux rideaux du fond, de sorte qu'après les séances on tire tous les rideaux sur eux-mêmes et la pièce reprend son aspect habituel.

Lorsque le cabinet noir est disposé suivant les indications précédentes, on y fait asseoir le médium ; on place à sa droite, sur le tapis recouvrant le plancher, un vase de fleurs, sans eau, et à sa gauche une petite table avec papier et crayon.

Le cabinet médiumnique, ou cabinet noir, se trouve ainsi complètement installé.

Je recommande de ne pas placer indifféremment le « Cabinet Noir » à l'un des angles quelconques d'une pièce, mais de préférence du côté Ouest. Au début, j'avais installé mon cabinet médiumnique du côté Nord, en y apportant tous les soins voulus, et je fus bien étonné d'entendre mes médiums me déclarer qu'ils s'y sentaient mal à l'aise et en réclamer le déplacement. J'hésitais à accéder à ce désir que je considérais comme une fantaisie et à refaire mon travail ; mais comme à la suite de cela les Esprits me le demandèrent eux-mêmes, par écrit, verbalement puis aussi par mes médiums à incarnations je finis par me soumettre à leurs désirs et à donner satisfaction à tous. Mais quel peut-être l'intérêt d'avoir le Cabinet médiumnique placé du côté Ouest ? Je l'ignore encore et ne puis sur ce point donner aucune explication scientifique. Je constate, simplement que mes médiums s'y trouvent mieux à l'aise, s'endorment facilement seuls, sans le secours d'aucune passe, et que le résultat général est, en somme, parfait.

4

LA TABLE AVEC PAPIER ET CRAYON

La table se place à l'intérieur du cabinet noir, à gauche du médium.

Sur cette table, vous déposez un cahier de papier blanc écolier et, sur ce cahier, un crayon qui servira aux esprits à écrire leurs impressions, à transmettre leurs désirs, à donner des ordres, à exprimer leur avis sur le médium, le guide, les assistants, à faire des reproches ou à témoigner leurs amitiés qui parfois atteignent un degré de très grande affection.

Les savants et les auteurs spirites ont toujours déclaré que l'écriture directe était extrêmement rare de la part des esprits. En appliquant la méthode indiquée dans cet ouvrage, vous obtiendrez ces écritures spirites, souvent et même en abondance.

Vous entendez froisser et tourner les pages avec ostentation, pour faire du bruit, et le crayon courir sur le papier. Il n'est pas rare de trouver huit à dix pages couvertes d'écriture.

Très fréquemment, plusieurs esprits écrivent successivement leurs impressions, ou adressent des compliments à l'assistance. Ils signent presque toujours leurs noms.

Six esprits viennent parfois à mes séances, écrivent et apposent leurs signatures.

Ce fait, ainsi que tous ceux qui sont relatés dans ce livre, a été constaté par un grand nombre de personnes et certifié par de nombreux procès-verbaux.

Et, chose étonnante, les écritures sont parfois plus belles encore lorsque le médium est attaché.

La table doit être légère, de petites dimensions, de hauteur moyenne, en bambou, si possible, car les esprits la déplacent, la font évoluer dans l'espace, l'élèvent jusqu'au plafond et la déposent à un endroit différent de celui où ils l'ont prise.

Le crayon doit être bien taillé, sans ornement métallique, sinon les esprits écrivent tout de même, par dérision, avec l'extrémité métallique, et vous n'apercevez que des traces presque illisibles.

Attachez le crayon à la table, les esprits se plaisent à le détacher et à l'accrocher à un endroit quelconque de la pièce.

En procédant comme il vient d'être dit, vous aurez bientôt une collection énorme d'écritures directes, tout comme j'en possède une moi-même.

Enfin, vérifiez bien, dans le cas d'écriture directe, s'il n'y a pas une feuille qui vous soit spécialement destinée, à vous, le guide, pour vous dévoiler les mauvaises dispositions d'une personne de l'assistance, ou pour vous annoncer la mort de quelqu'un, ou quelque évènement qui ne doive être connu que de vous seul.

Je termine en faisant remarquer que le papier est un excellent récepteur fluidique.

LES FLEURS

En principe, on doit offrir aux esprits les plus belles fleurs de la saison, les plus fraîches, les plus fines et du meilleur choix ; éviter les plantes grasses, telles que géraniums, bégonias, etc. ; réviser chacune d'elles, débarrasser les roses de leurs épines, n'ajouter que le minimum de verdure, ne jamais les lier en bouquet et, quoique fraîches, les essuyer encore une à une et les mettre dans un vase, le plus beau que l'on possède, préalablement nettoyé à sec, intérieurement et extérieurement.

Quand il vient, l'esprit aime à retirer les fleurs du vase ; il vous complimente sur leur fraîcheur, leur parfum ; il en orne le médium et les assistants, ou bien il les offre de la main à la main. Il s'en sert souvent pour caresser les mains et le visage des personnes présentes. Il faut donc éviter à la matérialisation d'occasionner des égratignures.

Il est nécessaire d'apporter à l'emploi des fleurs la plus grande délicatesse et la plus profonde conviction, vu l'usage auquel elles sont destinées ; c'est-à-dire ne pas s'en servir auparavant pour orner une pièce de l'appartement ou la table à l'heure du repas.

Si les fleurs n'étaient pas fraîches ou qu'elles fussent d'un choix douteux, l'esprit manifesterait son mécontentement en les prenant et en les rangeant par terre, le long du mur, derrière le rideau. Et si l'on avait la malencontreuse idée d'offrir des fleurs artificielles, il n'en faudrait pas davantage pour que cette faute considérée comme un outrage, nuisit à l'intérêt de la séance.

Après le départ des esprits, on peut utiliser les fleurs à volonté.

Les esprits aiment beaucoup les fleurs et en réclament si l'on a omis de leur en offrir. Si la quantité en est suffisante et que le choix leur en est agréable, ils les déposent parfois aux pieds des assistants, ou bien ils en forment des petits bouquets, liés par de jolies faveurs qu'ils fournissent eux-mêmes, ce qui constitue de véritables apports, et ils les distribuent ainsi aux personnes de la société qui leur sont le plus sympathiques et qu'ils savent croyantes ou assidues aux séances. Ils en offrent aussi à celles qui possèdent des qualités médiumniques, ce qui, pour le guide, est une indication pour l'étude ultérieure de leurs dons fluidiques.

Ces petits bouquets, façonnés par les esprits eux-mêmes, ne sont généralement pas jetés au public, mais offerts de la main à la main, aux personnes préférées, lors même que celles-ci ne seraient pas placées au premier rang des assistants.

6

LES PARFUMS

Des parfums, on en fait toujours usage, mais je n'ai jamais entendu un esprit en préconiser l'emploi ou la qualité, tandis qu'ils ont toujours manifestement apprécié celui des fleurs.

Avant la séance, brûlez quelques pastilles du sérail, ou du charbon d'encens, ou de l'encens, pour que l'atmosphère soit légèrement imprégnée de principes odorants.

Si vous changez de médium au cours d'une séance, brûlez une nouvelle pastille. Dans tous les cas, veillez à ce que la matière que vous brûlez ne projette aucune lumière par son incandescence ; garantissez-là, couvrez-là, sinon vous vous attireriez une observation de l'esprit, soit verbalement, soit par des coups frappés violemment, et ces incidents sont toujours nuisibles à la séance.

7

LA MUSIQUE

La musique est absolument indispensable pour provoquer les matérialisations.

Les vibrations harmonieuses de la musique instrumentale ou du chant font partie intégrante de l'ambiance ; elles aident les esprits à se matérialiser et à maintenir leur matérialisation.

Cessez la musique au cours d'une matérialisation : celle-ci fondra et s'évaporera douloureusement. Le médium en souffrira également. C'est pourquoi les esprits demandent toujours de la musique et la réclament même avec insistance, pour éviter ces pénibles sensations.

Il se produit fréquemment ce fait assez curieux, à savoir que, la musique cesse ses accords, par suite de la distraction de l'exécutant, dont l'attention et l'intérêt, se mêlant à ceux des assistants, sont absorbés par la vision d'un beau phénomène ; personne ne s'aperçoit de cette négligence, sauf l'esprit qui s'écrie vivement, comme s'il appelait au secours : « De la musique ! De la musique ! » — Et l'on doit s'empresser de lui donner satisfaction.

Si parfois l'esprit demande de cesser la musique, empressez-vous de souscrire à son ordre ; c'est qu'il veut prendre la parole, converser avec la société, répondre aux questions qui pourront lui être posées.

Quand la conversation est terminée, faites entendre la musique ; les esprits prennent alors de nouvelles forces et vous courez la chance de les voir se matérialiser encore avant leur départ.

Choisissez plutôt une mélodie douce et agréable. Vous remarquerez que les esprits préféreront un air, particulièrement à d'autres, et qu'ils se manifesteront avec plus d'empressement lorsque vous le ferez entendre.

Vous pouvez employer n'importe quel instrument produisant une musique douce et harmonieuse. Il suffit d'une simple boîte à musique à plusieurs airs et que l'on remonte de temps en temps durant la séance.

Le piano plaît beaucoup aux esprits et il offre l'avantage de pouvoir adapter immédiatement une mélodie au genre des matérialisations. Un cantique, par exemple, pour une religieuse ; un hymne guerrier ou patriotique pour l'apparition d'un homme de guerre ou d'une personnalité politique ; ou bien encore un air oriental si c'est une almée, ou une Mauresque, ou autre matérialisation analogue. Il nous est arrivé de voir une Mauresque esquisser un pas de son pays aux accords d'une danse arabe.

N'accrochez pas d'instruments de musique, mandoline ou autre, à l'intérieur du cabinet noir ; les esprits en joueraient certainement, mais aux dépens de leur temps et de leurs forces, et par conséquent au détriment des matérialisations.

Les assistants peuvent fredonner en chœur quelque mélodie, à condition toutefois de garder le meilleur accord possible. Et même un bon soliste peut se faire entendre avec succès, car j'ai vu souvent un esprit se joindre à sa voix et chanter avec lui en duo, non pas quelques mesures seulement, mais une romance tout entière.

Si vous donnez une séance pour vous seul, placez une boîte à musique sur une chaise près de vous, et remontez-là, dès qu'elle tend à s'arrêter.

8

LES ÉCRANS LUMINEUX

Une séance spirite se donnant en pleine obscurité, il est indispensable d'avoir deux écrans lumineux pour éclairer les manifestations.

On les pose à terre, de chaque côté des pieds du médium, la face lumineuse tournée vers le sol.

Lorsque les esprits apparaissent, ils ramassent eux-mêmes les écrans, les font évoluer dans l'espace, les écartent, les rapprochent, leur faisant exécuter des arabesques du plus gracieux effet. Les écrans voltigent souvent au-dessus des assistants ; ils se séparent, laissant entre eux un grand intervalle, l'un éclairant le visage de la personne placée à l'extrémité droite de l'arc de cercle formé par le public, l'autre, celui de la personne assise à l'extrémité gauche. Ils évoluent aussi en dehors du cercle.

Les esprits se servent des écrans pour s'éclairer. Ils tournent la face lumineuse vers eux et vous apercevez ainsi la matérialisation. Comme ils sont généralement vêtus de voiles blancs, la clarté n'en est que plus intense.

Volis pouvez demander à un esprit d'éclairer davantage son visage, ou quelque autre partie de son corps, sa taille, par exemple, ou ainsi que nous l'avons fait lors de l'apparition d'une Mauresque, ses bras nus, sa ceinture, son pantalon bouffant à la manière orientale.

Et c'est muni de ces écrans, ou d'un seul, que les esprits sortent du cabinet noir, s'approchent de vous, vous parlent, distribuent des fleurs ou vous charment par d'autres aimables manifestations.

Quand ils ont terminé leurs démonstrations, ils posent les écrans à terre. Parfois ils les laissent choir d'une grande hauteur ; les écrans retombent toujours sans accident, la face lumineuse tournée vers le sol. N'y touchez jamais, quel que soit l'endroit où ils sont tombés. Un autre esprit vient et ramasse les écrans où ils se trouvent pour s'en servir à son tour.

Si la table, les fleurs, ou un objet quelconque évoluent dans l'espace, jusqu'au plafond ou au-dessus des assistants, un écran suit leurs mouvements afin de les éclairer et de permettre aux observateurs d'admirer le phénomène.

Quand vous avez obtenu déjà de belles et nombreuses matérialisations, vous pouvez mettre trois ou quatre écrans à la disposition des esprits. S'ils veulent bien les utiliser tous à la fois, vous assistez à des effets d'une grande beauté.

Les écrans ne s'agitant pas d'eux-mêmes, étant mus par les esprits, comme un esprit matérialisé n'a que deux bras, si quatre écrans entrent en jeu, il faut donc que deux esprits procèdent en même temps à la manifestation.

Vous pourrez constater le fait, car pendant l'évolution des quatre écrans, il arrive que vous aperceviez les bras qui les font agir lorsqu'ils s'entrecroisent ou passent les uns devant les autres, et ces bras sont généralement revêtus de noir. Cependant, il nous est arrivé de voir des bras, matérialisés et nus, agiter les écrans.

On ne peut se figurer à quel point les écrans lumineux sont propices aux matérialisations ; leur utilité est incontestable. Sans ces écrans, il est impossible à des apparitions provoquées de se rendre visibles.

Manière de fabriquer les écrans lumineux

Vous faites un cadre en bois, mesurant extérieurement 0m18 sur 0m 27 centimètres. L'épaisseur du bois d'encadrement aura 0m 01cm sur 0m 008 millimètres.

Vous clouez un carton sur ce cadre de façon à bien affleurer les bords. Bien que ce ne soit que du carton ordinaire, vous le choisissez néanmoins de fine fabrication, blanc, mince et très dur.

Du côté où le carton affleure les bords, et sur la plus grande largeur, vous clouez soigneusement, ou vissez à chaque extrémité du cadre et bien au milieu une petite bande de cuir ou d'étoffe forte et noire, de 0m 025 millimètres de large, qui formera poignée. C'est ce qui permet aux esprits de saisir les écrans et d'en faire usage. Vous aurez soin de coller auparavant un papier noir sur cette partie externe, pour rendre l'écran invisible durant la séance.

Si votre carton n'avait qu'une de ses deux faces blanche, vous placeriez la partie foncée du côté extérieur, c'est-à-dire celui de la poignée.

Le papier noir devra recouvrir le plus possible l'encadrement en bois, à moins que vous ne préfériez peindre ce dernier en noir.

Reste à préparer la face lumineuse du côté blanc du carton. Si cette face n'était pas blanche, mais de couleur foncée, le fond, selon l'expression en usage en peinture, repousserait, et l'on aurait une lumière défectueuse.

Préparez donc la composition lumineuse avec laquelle vous badigeonnerez de plusieurs couches la partie de l'écran destinée à éclairer. Elle sera formée :

1° de sulfure de calcium phosphorescent, en vente chez tous les marchands de produits chimiques.

2° de vernis pour poudre phosphorescente, produit encore plus répandu.

Mélangez-les intimement de façon à former une pâte liquide, à peine épaisse, mais bien délayée. Avec cette préparation, badigeonnez la face blanche des écrans de deux ou trois couches, au début, afin d'en imprégner le carton. Une seule couche suffira dans la suite.

N'employez les écrans que lorsqu'ils sont secs. A cet effet, préparez-les la veille de la séance ; le lendemain, ils seront tout à la fois secs et frais.

Le jour de la séance, placez vos écrans, préparés selon le procédé précédemment indiqué, à la lumière du soleil, ou tout au moins du jour, à une fenêtre, si possible toute la journée, afin de leur faire absorber les rayons lumineux qu'ils sont tout disposés à emmagasiner.

Enfin, à l'heure même de la séance, au moment de vous servir des écrans, vous achevez de les charger en lumière au moyen d'un mince ruban de magnésium, de quarante à cinquante centimètres de longueur, que vous accrochez à un clou dans votre cuisine ou à la patte du rideau d'une cheminée, et que vous allumez par l'extrémité inférieure. A la petite flamme intense que produit le magnésium en se consumant, vous présentez les écrans que se chargent ainsi considérablement de lumière, deviennent très clairs et bons à employer.

Le magnésium dégage un peu de fumée épaisse en brûlant.

Donnez donc une couche de la préparation phosphorescente à vos écrans, la veille de chacune de vos séances.

Lorsqu'une séance sera très rapprochée de la précédente et que vos écrans seront anciens et bien imprégnés de sulfure de calcium phosphorescent, vous pourrez vous dispenser de donner une nouvelle couche, mais il faudra toujours, au cours de la journée, les présenter à la lumière du soleil ou à la clarté du jour, ainsi qu'à la flamme du magnésium, au moment de vous en servir.

Les dimensions indiquées plus haut pour la façon des écrans, sont approximatives ; elles peuvent être plus grandes ou plus petites, sans cependant trop s'en écarter. Et, je le rappelle, l'emploi des écrans lumineux plaît beaucoup aux esprits, à tel point qu'on serait tenté de croire qu'ils les attirent. Il est certain que des esprits peuvent s'en passer, mais ils dépensent alors tant de forces pour apparaître, en dégageant d'eux-mêmes la lumière, qu'ils projettent généralement avec leurs mains faisant fonction d'écrans, qu'il est bien rare de les voir se matérialiser dans ces conditions.

Il me revient à la mémoire un article paru à ce sujet dans « Le Journal » du 14 Juin 1914, relatant l'une de mes séances au cours de laquelle un esprit, sur la prière du rédacteur de cet article, abandonna les écrans et s'illumina d'une façon intense avec ses propres mains.

9

LES ASSISTANTS

En principe, le nombre des assistants, à une séance spirite, doit être de 10 à 12, autant que possible toujours les mêmes, et les hommes et les femmes en nombre égal.

Les assistants se placent en cercle devant le cabinet noir; sur un ou deux rangs, assis d'aplomb, sans croiser les jambes, les chaises très rapprochées, se touchant même, et en alternant un homme et une femme. Le centre du cercle est à une distance de deux mètres à deux mètres cinquante du cabinet noir.

Tout le monde se donne la main, c'est ce qu'on appelle faire la chaîne. Les mains reposent sur les genoux, sinon la fatigue serait intolérable.

C'est une erreur de croire que le public doit être placé sur un seul rang, de façon à encadrer complètement le cabinet du médium, sous prétexte de mieux accumuler les fluides. Au contraire, si les assistants forment un groupe compact, laissant à droite et à gauche un espace, les esprits matérialisés, bien qu'invisibles, peuvent circuler à l'aise, et produire dans la pièce et derrière le public des manifestations intéressantes, comme de déranger des meubles, fouiller dans une armoire, déplacer des objets, toucher du piano. Ils pourront tout à leur aise offrir des fleurs aux personnes du deuxième et même du troisième rang, si un nombre plus considérable de spectateurs a formé plusieurs cercles les uns derrière les autres.

Le choix et le caractère des assistants méritent une attention toute particulière.

En premier lieu, éliminez de vos séances, tout ennemi déclaré du spiritisme, toute personne hostile de parti-pris aux phénomènes spirites, les niant, soupçonnant toujours quelque supercherie et décidée d'avance à ne pas se laisser convaincre. Eloignez aussi celles que vous devinerez nourrir en elles-mêmes quelque mauvaise intention, méditer quelque fâcheux projet, comme de faire de la lumière en pleine apparition, de saisir une matérialisation, de surprendre ou de déranger un médium entransé.

Ces procédés s'emploient parfois brutalement pour démasquer un médium imposteur, soupçonné avec juste raison de tromper les croyants par des fraudes et des supercheries à seule fin de se glorifier du titre de médium et d'en retirer des avantages pécuniaires. Quant au guide, il doit être, avant tout, modeste et désintéressé.

Eliminez aussi ce genre très spécial de personnes qui vous flattent, qui admirent vos progrès, vos travaux, paraissent s'y intéresser, et qui, par devers d'autres, critiquent avec malveillance les résultats obtenus, nient la réalité des phénomènes en s'ingéniant à en expliquer la prétendue fraude. Celles-là sont les plus dangereuses, car elles travaillent dans l'ombre, sournoisement, sans se découvrir. Vous leur accordez confiance sans vous douter de leurs sentiments hostiles à votre égard.

Cette hostilité est née généralement d'une profonde jalousie des succès qu'elles n'ont même pas essayé d'obtenir par leurs propres efforts. Ce sont les plus dangereux ennemis du spiritisme, au développement duquel elles mettent obstacle par tous les moyens à leur portée. Je pourrais citer ainsi plusieurs personnes en qui j'avais placé ma confiance ; mais un esprit s'avisa un jour de me prévenir, ce qui me permit de les écarter de mes réunions.

Choisissez donc pour vos séances un bon public, bien disposé et sincère. Priez les personnes, qui ne peuvent se résoudre à croire aux matérialisations, de s'efforcer tout au moins de garder une loyale neutralité, en les laissant libres de se prononcer après qu'elles auront vu.

N'admettez pas à vos séances d'enfants trop jeunes, ni comme spectateurs, ni comme sujets.

J'ai indiqué la règle générale, en quelque sorte officielle, concernant les assistants, dans toute réunion spirite.

Je tiens à déclarer cependant qu'on peut tenter telles modifications qu'on voudra, si l'on se sent assez sûr de soi, du médium employé et des matérialisations déjà obtenues. Je me suis moi-même écarté avec succès des règles absolues. Le public se plaçait à son gré, sur un rang ou sur plusieurs, selon le désir de chacun de mieux voir, ou la crainte de se trouver trop près d'une matérialisation.

Il m'est arrivé souvent de n'avoir à mes séances que des hommes ou des femmes ; parfois trois ou quatre personnes seulement. Au contraire, pour des séances importantes, j'ai eu de trente à quarante personnes, quelquefois même cinquante, et les esprits ne s'en plaignaient pas, loin de là. Ils nous offraient des manifestations merveilleuses, en rapport avec la solennité de la cérémonie.

C'est à ces séances de cinquante personnes que nous avons vu un esprit esquisser une danse orientale ; un autre venir nous donner l'accolade, d'autres encore procéder à de grandes distributions de fleurs, etc. C'est en ces mêmes circonstances que six esprits nous ont donné des écritures directes, chacun signant de son nom. A ces grandes séances, on s'était servi du piano.

Quant à la chaîne, avec un si nombreux public, elle était plus ou moins bien observée ; tantôt interrompue, tantôt trop tendrement maintenue entre voisin et voisine pour lesquels l'ambiance et l'obscurité favorisaient l'intimité à un degré nuisible aux rayons fluidiques qui doivent tous être concentrés sur le médium.

De pareilles distractions gênent à ce point les matérialisations, qu'il n'est pas rare d'entendre l'esprit, en pleine obscurité, rappeler à l'ordre les coupables, en les interpellant par leurs noms, et les prier d'avoir une meilleure tenue ; observation qui, reçue en public, est fort désagréable.

C'est pour éviter ces incidents capables de troubler la séance, qu'un esprit m'a conseillé un jour de faire usage d'une grosse corde circulant parmi les assistants, contournant leurs rangs et que chaque personne tient avec les deux mains, pour venir aboutir dans celles du médium auxquelles on l'attache légèrement, afin d'éviter qu'elle ne tombe. Ce système est très avantageux sous tous les rapports ; même si les rangs des assistants sont nombreux, la chaîne n'est pas ininterrompue. De plus, le médium attire à lui directement la plus grande intensité possible des fluides qui aident à son extériorisation. Enfin le chanvre est un très bon conducteur fluidique.

La corde aura un diamètre de deux centimètres environ ; elle sera en chanvre de bonne qualité et pourra atteindre jusqu'à quinze ou vingt mètres de longueur, vu les contours, pour passer d'un rang à l'autre, et le chemin à parcourir pour arriver jusqu'aux mains du médium.

Souvent parmi les assistants, il se trouve une ou même plusieurs personnes désirant attacher le médium ou exercer un contrôle quelconque sur sa personne ou sur la disposition intérieure du cabinet noir, ou encore sur les esprits eux-mêmes, proposant de les toucher, de les photographier, etc. Convoquez ces personnes à une séance spéciale de contrôle et donnez votre séance, comme de coutume, afin que tout le monde soit satisfait ; que ni ceux qui sont venus pour voir, ni le médium, ni les esprits, ni vous-même, n'éprouviez de surprises inattendues, sinon la séance pourrait être brusquement interrompue et le médium s'en trouver incommodé.

10

LE MÉDIUM

La découverte du médium à matérialisations fut de tout temps la grande question, et des spirites, cependant bien convaincus, ne peuvent donner de séances de matérialisations parce qu'ils manquent de sujets doués de ce don si précieux. Ces médiums sont si rares, en effet, que la majeure partie du public en nie même l'existence. Ils existent pourtant, mais c'est à leur nombre si restreint que l'on peut attribuer le peu d'extension du spiritisme jusqu'à ce jour.

Mon but est donc de généraliser cette science avec le concours de médiums à matérialisations que l'on formera soi-même, et de la mettre à la portée de tous en publiant les nouveaux moyens que j'ai personnellement mis en pratique ces deux dernières années et qui m'ont donné des résultats inespérés.

En effet, j'ai obtenu à volonté, soit en public, soit seul, des phénomènes de matérialisations si beaux, si surprenants et même d'un caractère si intime, qu'ils ont dépassé tout ce que je pouvais souhaiter.

Je vais donc établir pratiquement la méthode à suivre pour reconnaître et former un médium à matérialisations.

Vous choisissez parmi des personnes que vous connaissez, ou qui vous sont étrangères, et de préférence parmi celles, nombreuses, croyez-le bien, qui s'offrent d'elles-mêmes pour être expérimentées, un sujet « sensible » homme ou femme. Dès ce moment, vous devenez un *guide* ; c'est ainsi que l'on désigne le directeur des séances spirites.

Sans être très instruit des sciences magnétiques, vous devrez tout au moins pouvoir vous rendre compte du degré de sensibilité d'un sujet, savoir l'endormir, le réveiller et le dégager, toutes choses très simples, s'apprenant facilement en quelques leçons de magnétisme.

Pour mettre à l'épreuve la sensibilité d'une personne, priez-là de se tenir debout en vous tournant le dos. Placez-vous à une distance d'elle, d'à peu près deux mètres. Recommandez-lui de ne pas raidir le corps, ni surtout les jambes, et de se laisser aller en toute confiance et sans résistance, à la sensation qu'elle éprouvera de tomber en arrière. Vous la préviendrez qu'elle ne court aucun danger, puisque vous êtes là, tout prêt à la soutenir, si sa chute était trop brusque.

Vous fixez ensuite votre regard, avec toute la force de volonté dont vous êtes capable, sur le dos du sujet, exactement entre les deux omoplates. Au bout d'un instant, s'il est sensible, le sujet se renversera plus ou moins en arrière. Il pourra arriver qu'il tombe comme une masse si vous ne vous précipitez point pour le retenir. Il y a des personnes qui, par l'attraction de votre regard, marcheront à reculons jusqu'à vous.

Tous ces sujets sensibles que vous découvrez parmi les personnes que vous connaissez ou qui demandent à être étudiées, sont aptes à subir la suite de vos essais sur le profond sommeil, sorte de néant physique et intellectuel, qui est une des conditions essentielles pour les médiums à matérialisations.

Si la personne que vous expérimentez n'éprouvait aucune sensation, ni même une légère impression sous votre regard intense et prolongé, placez-lui vos mains largement ouvertes sur les deux omoplates ; le renversement en arrière se produira au moment où la chaleur de ce contact se fera sentir, et parfois avec tant de force que vous serez repoussé par le sujet dont la grande sensibilité se sera ainsi révélée.

Si enfin, il ne se produit aucun mouvement sous votre regard, ni par l'imposition de vos mains ; si, de plus, confirmant le jugement que vous vous êtes déjà fait sur sa nature rebelle à votre influence fluidique, la personne vous déclare avoir le sommeil naturel difficile, léger, troublé par les réminiscences d'actions, même les plus banales, de la journée, abandonnez tout espoir de la développer et poursuivez vos essais sur d'autres sujets. Lorsque vous en aurez trouvé un qui soit « sensible », et personne n'ignore que ces sujets sont nombreux, vous le considérerez comme remplissant la première condition de formation d'un médium.

La deuxième condition, c'est que le sujet s'endorme facilement et profondément.

Pour vérifier cette condition, vous appliquerez les principes magnétiques de sommeil, afin de vous rendre compte du degré de légèreté ou de profondeur du sommeil de la personne expérimentée. Ce n'est qu'après ce deuxième examen que vous la jugerez apte ou non à subir la troisième épreuve.

A cet effet, vous la placerez dans le cabinet médiumnique, vous lui recommanderez d'écarter de son esprit toute préoccupation, d'oublier complètement les actions habituelles de la vie, d'élever son âme vers Dieu et d'appeler à soi les bons esprits.

Puis, sous l'impression que lui causeront ces préliminaires, vous la laisserez s'endormir seule, si c'est possible, sinon vous l'y aiderez par quelques passes.

Il faudra veiller à ce qu'il ne se produise aucun bruit dans la pièce, ni dans les environs.

Ensuite, vous tirerez les rideaux, pour enfermer le sujet dans son cabinet noir qui aura été aménagé d'avance, comme il est dit au chapitre intitulé « Le cabinet médiumnique », avec fleurs, petite table pourvue de papier et crayon, écrans lumineux au pied du médium, et, puisque nous donnons à cette expérience l'allure d'une vraie séance, parfums, musique et obscurité complète.

Autant que possible, la température de la pièce ne devra pas être inférieure à 18 degrés.

Les assistants se placeront à environ deux mètres du cabinet noir ; ils formeront le cercle, en veillant que les chaises soient très rapprochées les unes des autres, et ils feront la chaîne. On ne jouera de la musique que lorsque le sujet aura été placé dans le cabinet noir.

Tout ceci est le résumé succinct d'une séance spirite dont les détails sont décrits au chapitre :

« Organisation générale et récapitulative d'une
séance spirite ».

Le sujet étant commodément installé, la tête reposant sur un coussin, si c'est utile, et les indications ci-dessus rigoureusement observées, vous faites une courte prière, vous invitez les personnes présentes à élever leur âme vers Dieu pour Lui demander de protéger le sujet et, par son intermédiaire, de déléguer de bons esprits. Ces pieuses invocations ne sont pas de vaines formalités, mais font partie du rite spirite qui a de certaines analogies avec une cérémonie religieuse.

Toutes ces conditions remplies, il n'y a plus qu'à attendre patiemment, en écartant de son esprit toute pensée étrangère au but de la séance, et en concentrant les regards et l'attention sur le sujet.

C'est alors que la musique fait entendre ses accords.

Si au bout d'un quart d'heure ou vingt minutes, il ne se produit aucun effet, vous vous efforcez d'attirer les esprits en les priant de se manifester et en leur faisant remarquer à haute voix que le sujet est désireux de leur appartenir. De plus, vous les assurez de la pureté et de la sincérité de vos intentions et de celles des personnes présentes, et enfin que l'assistance souhaite très vivement d'obtenir quelques manifestations. Vous renouvelez au besoin ces invocations.

Si vous n'avez obtenu aucun résultat après une demi-heure ou trois quarts d'heure d'efforts et de patience, vous pouvez donner de la lumière et lever la séance. Vous ouvrez les rideaux et voyez dans quel état se trouve le sujet. S'il ne s'est pas endormi et n'a ressenti aucun effet, il ne répond pas à la troisième condition et peut être considéré comme nul. Vous le dégagez néanmoins, il cède la place à un autre et l'on renouvelle la séance.

Vous procédez de même jusqu'à ce que vous trouviez un sujet ayant produit une manifestation quelconque.

Lorsqu'on donne une **séance d'étude**, on peut évidemment n'expérimenter qu'un seul sujet ; mais à cause de l'installation que cette séance nécessite, fleurs, parfums, détails d'obscurité, préparation des écrans, déplacement des intéressés, etc., il est préférable d'avoir disposé d'avance et mis au point plusieurs sujets destinés à subir la troisième épreuve. Vous les faites passer tour à tour dans le cabinet noir, ce qui évite des dérangements et des frais, et économise du temps.

En continuant ainsi l'étude des sujets, vous en trouverez bientôt un qui répondra aux conditions requises, et il peut se faire qu'avec le premier sujet, vous obteniez déjà quelque manifestation. Préparez donc, je le répète, pour chaque séance d'étude, quatre ou cinq sujets disposés à passer cet examen. Il est possible qu'en une séance vous en découvriez plusieurs sur cette faible quantité, comme, parfois aussi, il ne s'en rencontre aucun. Pour ma part, j'en ai toujours trouvé au moins deux sur dix, et il m'est arrivé même d'en découvrir trois de suite.

N'oubliez jamais de bien réveiller les sujets et de les dégager.

Ceci représente évidemment une certaine somme de travail, mais on est bien heureux ensuite, quand le succès est venu couronner les efforts, et lorsqu'on en a acquis quelque habitude, toutes ces opérations se font avec une grande dextérité. Si vous découvrez en moyenne deux ou trois futurs bons médiums à matérialisations sur dix personnes prédisposées, vous aurez obtenu un résultat important en spiritisme et qui vous fera honneur.

La majeure partie des sujets que vous faites passer au cabinet noir s'endorment généralement seuls et très bien. Mais cela ne suffit pas. L'extériorisation de quelques-uns, s'ils s'extériorisent, est nulle ; tandis que les émanations des autres se confondent pendant leur sommeil avec les fluides des esprits : ce sont les bons sujets. Sans ces épreuves préalables, il est impossible de les reconnaître, d'autant plus qu'ils ignorent leurs qualités médiumniques et que vous-même ne pouvez en être instruit par aucun indice.

La dernière condition pour être déclaré médium est donc de posséder des fluides s'harmonisant avec ceux des esprits, pour produire des matérialisations.

Lorsque vous rencontrerez un bon sujet, vous aurez quelque manifestation dès la première séance ; peut-être minime, presque imperceptible ; ou bien vous pourrez constater des signes plus visibles ou des effets plus importants. On peut ne découvrir sur le papier qu'un point fait au crayon, ou un simple trait qu'on serait tenté de croire accidentel, si l'on était moins prévenu ; parfois vous remarquerez des griffonnages ou des rayures. Il arrive d'entendre frapper des coups à diverses reprises, s'agiter la table ou les rideaux. Il est bien rare d'apercevoir des fluides dès la première séance.

Après avoir expérimenté un sujet pendant une demi-heure environ, lorsque vous levez la séance, que vous donnez de la lumière et ouvrez les rideaux, sans avoir rien vu ni entendu, vous trouvez parfois une fleur déposée sur les genoux du sujet endormi, ou à ses pieds, ou bien encore fixée à son corsage ou dans ses cheveux.

Du moment que votre sujet a produit la moindre manifestation spirite, vous pouvez lui attribuer la qualité de « médium » !

En débutant ainsi et en renouvelant vos séances dans les mêmes conditions, tous les médiums développés selon cette méthode produiront des matérialisations. Les progrès seront très rapides. Les apparitions commencent à la cinquième ou à la sixième séance, souvent même dès la troisième, quand le médium possède de grandes forces fluidiques.

Dans le nombre relativement considérable des personnes que vous aurez étudiées, vous aurez trouvé finalement beaucoup de médiums. Vous éliminerez ou conserverez à votre disposition, les plus faibles et vous vous attacherez spécialement à développer les plus forts, et leur nombre, croyez-le bien, sera plus que suffisant pour satisfaire à toutes vos futures expériences.

Lorsque je donne des séances, il m'arrive de faire passer successivement trois médiums qui produisent chacun des matérialisations différentes, et je préviens le public qu'il me serait aisé de recommencer le lendemain avec trois nouveaux médiums.

Les noms de ces médiums sont totalement inconnus du public, puisqu'ils ne sont pas des professionnels, mais simplement des personnes ayant les qualités de médiumnité que je leur ai découvertes.

A la deuxième séance de développement que vous donnerez avec vos élèves reconnus médiums, vous verrez se produire des manifestations plus importantes ; les rideaux pourront s'ouvrir d'eux-mêmes, des coups seront frappés en plus grand nombre, et vous entendrez des chuchotements et peut-être même les esprits répondre à vos questions. Vous pourrez constater des essais d'écriture, des fleurs auront été utilisées de façon plus manifeste et si, à cette séance, ou à celles qui suivront, ces phénomènes se produisent avec plus d'intensité encore et que, suprême satisfaction, les écrans lumineux ne soulèvent du sol, alors le but est presque atteint, car cela indique l'essai de matérialisation des esprits. A la séance suivante, vous les verrez certainement en partie ; et, par la suite, ils se montreront entièrement.

Enfin choisissez, pour être médiums, de préférence des personnes les mieux constituées, les mieux portantes. Elles auront des fluides plus puissants et de meilleure qualité à offrir aux esprits, ce qui facilitera leur tâche et les aidera beaucoup à se manifester, à se matérialiser et à parler.

Il faut bien se garder de donner des suggestions momentanées ou post-hypnotiques à un médium spirite en état de transe, ainsi que cela se pratique pour un sujet endormi par le sommeil magnétique. Les fluides d'un médium spirite et ceux d'un sujet magnétique n'ont rien de commun entre eux, et il y aurait même un certain danger à les confondre en vue d'expériences. Bien qu'ils diffèrent totalement les uns des autres, l'analogie entre les deux sommeils est telle que maint docteur est perplexe à l'examen des signes qu'il recherche pour se rendre compte de la nature de ces deux états qui présentent en apparence les mêmes caractères.

Lorsqu'un médium spirite s'est endormi avant les manifestations de l'au-delà, ou s'il est encore endormi après ces manifestations, n'utilisez pas ce sommeil pour donner des suggestions.

Pourtant le réveil du médium spirite s'opère d'une façon identique et par les mêmes procédés que pour un sujet magnétisé ; et le dégagement se fait exactement de la même manière. Si, ne tenant pas compte des recommandations précédentes, vous donniez à un médium spirite des suggestions pendant qu'il paraît encore endormi, mais qui est en réalité encore en état d'extériorisation, vous produiriez en lui les plus fâcheux effets. Il se réveillerait dans de mauvaises conditions ; troublé par les incohérences de fluides de diverses natures, et en même temps par des idées contradictoires, s'entrechoquant dans son esprit ; il serait dans un état bizarre d'effarement auquel il ne comprendrait rien, mais dont les mauvaises dispositions lui seraient profondément désagréables. Il pourrait alors renoncer à se prêter à de nouvelles expériences spirites et vous risqueriez de perdre votre médium.

Bien entendu, les suggestions données n'auraient aucune chance d'exécution.

Il faut encore spécifier que les conditions magnétiques empêchent les esprits de se manifester comme ils le voudraient, le magnétiseur s'emparant d'une partie des fluides du médium.

~

Il est une manière de trouver des sujets susceptibles d'être expérimentés dans le but de se rendre compte de leurs qualités médiumniques, dont je ne devrais pas parler ici, car c'est en quelque sorte agir en grand, tandis que je me suis fait une règle de détailler par le menu et de la façon la plus simple, les moyens méthodiques à employer pour la découverte et le développement progressif de tout sujet capable de devenir médium spirite « à matérialisation ».

Cependant, si un guide expérimenté et habile désirait donner de l'extension et une plus grande importance à son cabinet spirite, peut-être même l'ériger en Institut spirite, voici comment il faut procéder pour trouver en une fois un grand nombre de sujets remplissant la condition essentielle de leur développement : le sommeil.

Assistez à l'une des séances de magnétisme qui se donnent un peu partout, soit dans une école de magnétisme, soit dans un cercle privé ou tout autre lieu de réunion où l'on exerce le magnétisme dans un but scientifique ou encore par manière de distraction. Contentez-vous du rôle de spectateur jusqu'à ce que vous voyiez approcher la fin de la séance. A ce moment, vous demanderez au directeur la permission de tenter une expérience intéressante et inédite. Il vous l'accordera certainement, comme il l'aura sans doute fait dans d'autres cas.

Vous placez alors les assistants devant vous sur autant de rangs qu'il vous plaira, et de façon à ce que chacun puisse bien vous regarder dans les yeux. Il n'est point nécessaire pour cela d'être magnétiseur.

Vous vous asseyez devant votre public, à une distance convenable, et vous annoncez que vous allez tenter une expérience hindoue, c'est-à-dire endormir, par la seule force de votre volonté, une personne de la société, à votre choix, et que, bien entendu, vous ne voulez pas désigner d'avance. Vous recommanderez que la personne qui se sentira portée au sommeil, veuille bien s'y laisser aller sans résistance. Vous réclamez un silence absolu et priez l'assistance de bien vous regarder dans les yeux, puis vous dites : « Je commence ! ».

Alors, vous promenez lentement votre regard dans les yeux des assistants, en suivant rang par rang et sans arrêt. En peu d'instants vous verrez une tête se pencher, puis une deuxième, puis d'autres encore ; bref, au bout d'une dizaine de minutes environ, huit à dix personnes, sur vingt ou vingt-cinq, dormiront profondément, par auto-suggestion, chacune d'elles se figurant être celle que vous avez choisie pour votre expérience. Ces personnes sont donc des sujets sensibles au premier chef ; vous pourrez relever leurs noms et les inviter à être étudiées comme sujets spirites. Vous continuerez ensuite leur éducation en les faisant passer dans le cabinet noir, afin de découvrir celles d'entre elles qui pourraient dégager des fluides spirites.

Cette manière de trouver d'un seul coup un nombre relativement très grand de sujets, et pour mieux dire, de candidats à la médiumnité, s'explique facilement par le fait que vous avez manœuvré sur un terrain déjà préparé, avec des personnes s'intéressant de leur propre initiative aux sciences occultes, lesquelles inspirent toujours une vague appréhension, et qu'enfin vous avez choisi, pour faire votre expérience, le moment où les essais magnétiques avaient exercé leur influence d'une façon générale sur toute l'assistance, où l'on se trouvait encore dans une ambiance fluidique dans laquelle l'hypnose ne demandait qu'à agir.

Au moment où tous les sujets sont endormis — et il peut se faire que, sans fatigue aucune, vous en ayez endormi une quinzaine, ainsi qu'il m'est arrivé — le professeur peut en profiter pour donner des suggestions d'ensemble, faire réciter des prières, chanter des cantiques ou des airs connus, provoquer une inondation ou d'autres actes qui seront exécutés avec un accord parfait.

Mais là n'est pas l'intérêt qui nous guide, nous qui recherchons des sujets sensitifs pour en faire des médiums à matérialisations.

Développez donc vos sujets en faisant passer et repasser dans le cabinet noir tous ceux qui auront obtenu quelque manifestation spirite et vous finirez par avoir un nombre appréciable de bons médiums qui vous permettront de travailler pour la gloire du spiritisme, pour la vôtre et celle de vos dévoués collaborateurs.

11

LE GUIDE

Celui qui dirige une séance spirite est dénommé : « Le Guide ». Il doit connaître les premières notions de magnétisme, afin de pouvoir se rendre compte de la sensibilité des sujets, aider au besoin un médium à s'endormir, le réveiller, le dégager, venir à son secours en cas de malaise au cours d'une séance, ce qui peut notamment se produire si un assistant, peu loyal ou mal intentionné, donne de la lumière par surprise, touche une matérialisation ou cherche à la saisir. Ou bien encore lorsque un indiscret, profitant de l'obscurité, se faufile jusqu'au cabinet médiumnique pour se rendre compte de ce qui se passe à l'intérieur.

Si, par hasard, il se produisait, durant une séance, quelque chose d'anormal, un accident imprévu, on donnerait immédiatement de la lumière afin de voir ce dont il s'agit. Si l'incident n'est l'effet d'aucune malveillance, on peut continuer la séance après s'être excusé devant les esprits.

Le guide veille sur le médium, sur les esprits, sur le public ; il exerce en un mot, une police attentive. Il prépare avec soin la séance, avec tous ses détails, parfums, fleurs, musique, cabinet médiumnique, etc.

Il place le public méthodiquement, à distance convenable du cabinet noir, et fait ensuite l'invocation à Dieu. Il commande la musique, ou son arrêt, la production ou l'extinction de la lumière. Il fait observer le silence au moment voulu. Il invoque les esprits, leur adresse des paroles d'admiration, de respect et de sympathie quand ils apparaissent — et même avant et après.

Le guide lève la séance après avoir remercié les esprits et quelques instants après leur départ.

Il réveille le médium avec douceur, en lui adressant de bonnes paroles et surtout le dégage complètement. En général, il est utile qu'il règne entre le guide et chacun de ses médiums une confiance et une sympathie réciproques.

Le guide doit être un homme de bien, charitable, croyant. Il ne saurait être moralement parfait, la perfection n'étant pas de ce monde ; mais il s'efforcera de gravir peu à. peu les degrés de la perfection morale et physique. Plus il s'en approchera, plus les esprits lui faciliteront sa tâche, et lui accorderont leur confiance, car il est destiné à entrer en relation intime avec eux, à leur parler, à recevoir leurs instructions, leurs confidences, bien plus encore, leurs paroles affectueuses et leurs accolades.

Celui qui aura beaucoup souffert au cours de sa vie et qui sera doué d'un grand calme et d'une très grande persévérance, sera plus apte que d'autres à devenir un excellent guide, surtout s'il joint à ces qualités un désintéressement absolu.

C'est ici le cas de rappeler les conseils de Raphaël M'Hutter :

« Alors qu'on s'occupe de spiritisme, il faut toujours agir dans un but sérieux et jamais par distraction ! En agissant de la sorte, tous les hommes de bonne foi obtiendront des résultats moraux certains, qui seront pour eux une consolation de la peine de vivre, et ils les aideront à propager la doctrine spirite qui est destinée à régénérer le monde ».

Tout ce qui précède s'applique également aux femmes, parmi lesquelles se sont révélées déjà des spirites savantes et expérimentées.

D'ailleurs les fonctions de guide peuvent être exercées par toute personne s'intéressant aux phénomènes spirites ; point n'est besoin de posséder des qualités ou des dons spéciaux de médiumnité.

Le guide n'a rien du médium ; il suffit qu'il ait de bonnes qualités morales. Dans l'exercice de ses fonctions, en quelque sorte sacrées, et qui consistent surtout à mettre les médiums en rapport avec les entités de l'au-delà, à invoquer les esprits, à les attirer en mettant à leur disposition les éléments matériels, moraux et fluidiques qui aident à leurs manifestations et à leurs matérialisations, le guide finit par acquérir une grande habileté, un entraînement croissant et une facilité incroyable à communiquer avec les esprits. Il converse avec eux, s'entretient de leurs manifestations et apparitions, ainsi que de leurs projets, et même de tous les détails de sa propre vie ou de celle de toute autre personne, notamment des médiums qu'il emploie. Les esprits lui indiquent, leurs préférences, lui font des observations et des recommandations.

Pour de longues conversations, l'esprit apparu quitte généralement le cabinet médiumnique, et s'avance vers le guide, tout proche de lui. Ils s'entendent alors ensemble pour préparer des manifestations « qui révolutionneront le monde », ce qui ne les empêche pas de traiter des sujets beaucoup moins importants.

L'esprit ne met aucune forme à ses critiques et à ses jugements. Il approuve ou blâme la manière dont le guide dirige sa maison, voire même son personnel ; il relève les paroles qui se disent, les actes qui se commettent, et tout jusque dans les moindres détails ; il ne tarde pas à parler en maître. Sur ce point, je ne saurais trop recommander au guide de se mettre en garde contre cet excès de liberté ; c'est le commencement de l'emprise, de l'obsession et, ce qui est pire, de la fascination contre laquelle il devra énergiquement réagir.

Cette grande habitude d'attirer les esprits, que peut et doit acquérir un guide, en donnant de fréquentes séances, établit entre eux et lui des relations si naturelles qu'elles ne diffèrent guère de celles des vivants, de sorte qu'il peut dire avec juste raison qu'il a, à la fois, des relations dans le monde d'ici-bas et dans celui de l'au-delà.

Les esprits s'accoutument si bien à celui qui prépare leur présence, qu'à son appel, ils se manifestent, évoluent et même obéissent avec une obligeance et un empressement stupéfiants, surtout si le guide a eu soin de placer dans le cabinet noir l'un de ses bons élèves médiums. Qu'il quitte sa place, qu'il vaque à des occupations dans la pièce, qu'il soit seul, les esprits se manifestent quand même et je puis l'affirmer par ma propre expérience.

C'est ici que je voudrais parler des incrédules et de ceux qui, sans avoir fait de spiritisme, nient de parti-pris, ouvertement ou dans l'ombre, les résultats acquis. Ceux-ci prétendent que le guide, exceptionnellement doué de dons spéciaux, obtient des phénomènes en suggestionnant un sujet placé dans un cadre spirite, ce qu'un autre à sa place ne pourrait faire. Grave erreur ! Car le guide et l'assistance sont généralement témoins de manifestations imprévues qui souvent sont tout à fait nouvelles, sauf évidemment, dans le cas spécial d'appel.

Je ne m'étendrai pas davantage sur cette discussion. Je répéterai simplement que toute personne sérieuse, ne possédant aucun don particulier, peut aujourd'hui, si elle le désire, devenir guide, et bon guide spirite.

A ce propos, je rappellerai ce que disait le Colonel de Rochas : « Le grand œuvre du vingtième siècle sera de faire la démonstration de la survie ». Les faits commencent à prouver l'exactitude de son assertion.

1 2

LES ESPRITS

Les esprits se sont manifestés jusqu'à nos jours sous bien des formes. Nous nous arrêterons ici aux apparitions que nous obtenons depuis nos nouvelles études sur les matérialisations et par nos médiums découverts, expérimentés et développés par nous-mêmes.

Ces apparitions nous charment tant par leur beauté et leur originalité, leur conversation, la facilité et la fréquence de leurs visites, que nous pouvons nous estimer très satisfaits. Bien plus, certains spirites communiquent avec les esprits aussi aisément qu'avec de simples mortels et leurs relations prennent un caractère si intime que je préfère ne pas insister.

Les esprits se présentent d'abord fluidiquement, puis deviennent plus denses, augmentant de volume au point d'atteindre la taille d'une personne. Arrivés à ce degré, ils forment la véritable matérialisation.

Les matérialisations partielles, telles que des apparitions de mains ou de bras, ou d'une figure, sont le fait d'esprits laissant espérer qu'on les verra bientôt en état de matérialisation complète. Parvenus à ce point, ils se servent de leurs fluides pour matérialiser les étoffes et les draperies dont ils se revêtent.

Les esprits apparaissent généralement vêtus de voiles blancs, ce qui leur donne un peu l'allure fantomatique, surtout lorsque, cachant leur visage, les voiles les recouvrent de la tête aux pieds, tout en conservant les mouvements du corps et des bras.

Il leur est utile de conserver le mouvement des bras qu'ils écartent pour laisser admirer leur formation dans toute son ampleur, pour envoyer des baisers ou manier les écrans lumineux.

Les esprits qui apparaissent ainsi la face voilée, afin d'éviter d'être reconnus, ou parce qu'ils jugent que leur visage est insuffisamment matérialisé, ou pas assez beau à leur gré, ne sortent jamais du cabinet noir. Vous n'avez donc pu ni les dévisager, ni les reconnaître ; mais questionnez l'esprit suivant, il vous renseignera sur l'identité de son prédécesseur. Ils se voilent aussi le visage quand ils sont trop beaux, forcés en cela par les autres esprits qui redoutent la comparaison des assistants en leur défaveur, ou parfois pour ménager leurs fluides.

Un esprit apparut à une séance, semblant parfaitement matérialisé ; il avait, malgré cela, la figure voilée. Il refusa d'acquiescer à notre demande de se dévoiler, parce que, disait-il, sa figure n'était pas matérialisée, que sa tête ressemblait à une balle de coton, et que cela nous effrayerait.

Une matérialisation incomplète se présente parfois sous des aspects terrifiants.

Au cours d'une réunion spirite, un homme apparut et approcha l'écran lumineux de son visage. Il se présenta d'abord aux personnes les plus rapprochées de lui ; mais il fut pour elles un objet d'épouvante. Sa face était hideuse ; c'était une vision d'horreur. Sa tête et les yeux étaient réguliers, mais les lèvres, d'une grosseur démesurée et sanguinolentes, entrouvertes, laissaient voir, à la place de la bouche, un trou béant et noirâtre. La forme du menton était indéfinie. Chacun reculait effrayé. J'essayai, pour mon compte, de supporter stoïquement cette vue terrifiante, je n'y réussis pas. Enfin cet esprit disparut, au grand soulagement de tous.

Chacun échangeait ses impressions sur cette fâcheuse apparition, quand lui succéda une Dominicaine qui nous rassura en nous apprenant que c'était un bon esprit qui avait mis trop de hâte à se montrer, c'est pourquoi sa matérialisation était incomplète.

Certains esprits ne sont pas vêtus de blanc : des Hindous nous apparaissent souvent en costume national ; une Mauresque, en pantalon bouffant parsemé de fleurettes ; d'autres apparitions sont en costumes blancs rayés de jaune ou de rouge pâle, etc.

Au point culminant de la séance, lorsque les esprits parlent, vous pouvez leur confier une mission. Une dame de l'assistance pria un soir l'esprit de se transporter à son domicile, hors Paris, et de revenir lui dire comment se comportaient, en son absence, son enfant, le grand-père, la grand'mère et la bonne. L'esprit s'y rendit effectivement et revint dix minutes après, donnant à l'intéressée, sur la situation de chacun, les détails les plus précis et qui furent ensuite reconnus exacts.

C'est à ce moment-là aussi que vous pouvez demander aux bons esprits de vous faire apparaître un être cher ou de vous donner de ses nouvelles de l'Au-delà, et je dois ajouter, pour la consolation de tous, qu'elles sont généralement bonnes.

Mais ne posez jamais aux esprits de questions concernant des intérêts vulgaires, des idées de vengeance ou d'avenir prophétique. Il leur est défendu d'y répondre, ils en sont complètement incapables ; ils restent muets, vous regardent, et se contentent de sourire.

A l'époque où se sont produits les incidents fâcheux qui ont causé l'arrêt de mes études et qui sont décrits au chapitre : « Histoire de mes Etudes, Découvertes et Aventures spirites », je connaissais tant d'esprits et d'une façon si familière, que j'étais sur le point d'organiser un concert spirite. En effet, le programme aurait comporté le jeu des écrans lumineux, l'apparition d'un clown anglais du nom de « Joé » dont les excentricités réjouissent toujours l'assistance. Ce Joé est très connu ; il apparaît souvent dans les groupes spirites importants et l'on parle beaucoup de lui. Il a pourtant le défaut de vous tirer trop fort par les pieds, au risque de vous faire glisser de votre chaise.

Ensuite aurait paru une chanteuse connue sous le nom de « Sœur Cerise » et qui commençait précisément à se joindre à nos manifestations. Puis c'eût été le tour des poses plastiques, suivies d'une danse orientale, par notre jolie Mauresque. Musique d'ensemble, c'est-à-dire accompagnement du piano par des coups frappés par les esprits et des bruits divers. Simulation par eux d'une tempête avec bruissement de feuillage, produit en agitant fortement les fleurs ; claquement de voiles au moyen de nos grands rideaux qu'ils secoueraient vigoureusement ; vent violent qui fouette la figure et soulève les cheveux ; attractions physiques, allocution des esprits, apparitions de beautés diverses, etc.

Sonia, jeune poète russe morte à 20 ans, amenée au groupe par Sœur Amy, nous aurait récité quelques-uns de ses vers.

Ce programme pouvait être facilement réalisé après entente préalable avec les esprits, puisque tous ces phénomènes s'étaient tour à tour et souvent manifestés chez moi.

La façon de disparaître des esprits est parfois très curieuse : les uns retournent dans le cabinet du médium, les autres s'évanouissent simplement ; d'autres encore s'affalent sur le plancher, littéralement comme s'ils fondaient. Enfin certains paraissent s'en aller par le plafond ; ils emportent avec eux l'écran lumineux, mais celui-ci se heurte au plafond qu'il ne peut traverser et tombe à terre.

Je fais à nouveau remarquer que, dans nos séances, les apparitions ne se montrent qu'en partie à leur début ; ensuite, elles augmentent progressivement aux séances suivantes, pour se matérialiser complètement peu de temps après.

Elles paraissent progresser en raison directe du développement du médium et lorsqu'elles ont acquis la force suffisante, l'habitude des lieux et des assistants, ainsi que celle de se matérialiser, alors elles évoluent librement et produisent des phénomènes. Cela ne les empêche pas, au cours même de la période de développement et de perfectionnement, de faire mouvoir leurs bras, d'écrire, ou de produire d'autres manifestations secondaires.

Exceptionnellement, certains esprits apparaissent tout entiers dès la première fois. Cela dépend de la force du médium et de celle des entités elles-mêmes.

N'oublions pas que, pour obtenir les résultats précédemment décrits, nous n'avons travaillé qu'avec de jeunes élèves ayant moins d'une année de développement de médiumnité spirite.

Enfin on peut être assuré que tous les esprits et matérialisations qui apparaissent suivant notre méthode, sont toujours beaux et bons, ou à peu près, et n'ont surtout rien de démoniaque. Si un mauvais esprit réussissait, par hasard, à s'introduire dans le groupe, on le chasserait au nom de Dieu et il disparaîtrait aussitôt.

Je ne terminerai pas ce chapitre sans rassurer les assistants d'une séance spirite au point de vue des accidents qui pourraient se produire. Au cours de mes séances, il n'est jamais arrivé d'incident fâcheux à personne, ni de choc désagréable qui aurait pu être occasionné tant par la chute des écrans que par l'évolution des tables, des vases de fleurs, et autres objets.

Je signalerai aussi quelques incarnations d'esprits dans le corps du médium ; celui-ci prend la parole et ce qu'il dit dans ce cas est généralement intéressant et exact. Il ne se meut que rarement.

Mais dans toutes nos séances de matérialisations qui sont, je puis le dire, notre spécialité et l'objet particulier de nos études, les esprits n'abusent pas des incarnations. Elles leur sont cependant nécessaires pour bien posséder le corps du médium, se faire mieux entendre par sa voix et pour réparer les forces fluidiques qu'ils dépensent dans leurs manifestations.

13

ORGANISATION GÉNÉRALE ET RÉCAPITULATIVE D'UNE SÉANCE SPIRITE

En admettant que tous les détails des chapitres précédents aient été bien lus, bien observés et bien compris, nous allons faire une description générale d'une séance spirite. Ce chapitre n'est en somme que la récapitulation et l'application de tout ce qui précède. Ce résumé sera suivi de quelques remarques et observations complémentaires, aussi utiles qu'intéressantes :

« Dans un angle de la pièce, on installe le cabinet noir ou cabinet médiumnique.

Dans ce cabinet, un médium est enfermé et assis commodément. A ses pieds, on étend un tapis et l'on pose à terre, vers sa droite, un vase de fleurs, sans eau. Vers sa gauche, une petite table très légère avec papier et crayon.

Les assistants se rangent en cercle devant le cabinet du médium et font la chaîne.

Le guide, ou directeur de la séance, est assis, autant que possible, au milieu du premier rang.

La pièce est parfumée d'encens dès le début des préparatifs. La température ambiante doit être d'environ 18 degrés.

Un aide, ou une personne de bonne volonté, se tient derrière les assistants avec une musique mécanique posée sur une table ou sur une chaise et la fait marcher ou l'arrête, suivant les ordres du guide ou des esprits.

Cette installation terminée, sur l'invitation et à l'exemple du guide, toute l'assistance élève son âme vers Dieu.

C'est à ce moment que le guide quitte l'assemblée un instant pour aller charger les écrans à la lumière du magnésium. Il revient ensuite déposer ces écrans à terre, à droite et à gauche des pieds du médium et la face lumineuse tournée vers le sol.

Le guide reprend sa place, ordonne de faire marcher la musique ou de jouer doucement piano, s'il y a possibilité, et enfin d'éteindre la lumière de façon à obtenir une obscurité complète.

A ce propos, je ferai remarquer que les séances doivent se donner le soir, bien que parfois il s'en fasse de jour, mais non sans quelque difficulté. Car plus l'obscurité est profonde, plus il est facile aux esprits de se manifester.

Toutes choses ordonnées comme il vient d'être dit, le guide prie les assistants, qu'il aura eu soin de choisir bien disposés et sincères, d'élever leur âme vers Dieu ; d'éloigner de leur esprit toute préoccupation étrangère à la séance ; de désirer mentalement voir les esprits se manifester et d'observer, durant la séance, une tenue très correcte.

En supposant que le médium soit déjà un peu développé et enclin au sommeil, les manifestations commenceront après quelques minutes d'attente.

Le guide ne craint pas d'adresser la parole aux esprits, de leur témoigner son admiration, de reconnaître et d'encourager leurs efforts, de les rappeler et de les remercier après chaque manifestation.

Il peut leur poser des questions auxquelles ils répondent verbalement ou par écrit, comme il leur plaît.

Evitez les demandes et les conversations oiseuses ou ayant trait à des affaires pécuniaires, ou de rancune, et ne posez pas aux esprits de questions sur l'avenir.

S'il convient à un esprit de faire connaître son opinion sur l'une ou l'autre de ces questions, il le fera de lui-même, sans y être invité, car les esprits connaissent nos pensées. C'est ainsi qu'il m'est arrivé une fois qu'un esprit me rappelât toutes mes pensées et mes faits et gestes depuis plusieurs jours, alors que j'étais absolument certain d'avoir été constamment seul, et il m'a même reproché certaines de mes actions commises neuf ans auparavant. Et qu'on ne m'accuse pas d'une transmission de pensées, car je ne songeais nullement à ces choses et le médium, que j'employais ce jour-là, était nouveau, développé depuis un an seulement et ne connaissait rien de mes affaires.

On peut aussi écrire une question sur une feuille de papier que l'on pose sur la petite table ; l'esprit y répond souvent par écrit et confidentiellement, s'il le juge nécessaire.

La séance débute généralement par des manifestations physiques, lévitations d'objets, bruits, etc. Ensuite, viennent des apparitions de fluides, le plus souvent de forme humaine, des matérialisations partielles ou complètes, des distributions de fleurs et des conversations avec des esprits matérialisés visiblement ou invisiblement. Quand le médium est fort, les matérialisations deviennent merveilleuses.

On s'aperçoit que la séance est terminée lorsque les esprits frappent un nombre de coups quelquefois fixé d'avance, ou qu'ils ne donnent plus aucun signe de leur présence, malgré vos appels réitérés, et que le silence est complet. On arrête alors la musique.

Le guide remercie une dernière fois les esprits en leur déclarant qu'il considère la séance comme terminée ; puis il attend encore quelques secondes et annonce finalement aux assistants qu'ils peuvent rompre la chaîne et reprendre leur liberté. On donne un peu de lumière seulement. Puis on met de l'ordre dans le cabinet médiumnique, c'est-à-dire qu'on cherche le vase de fleurs qui a presque toujours été déplacé, on remet la table en place, on ramasse les fleurs éparses, les papiers, s'ils n'ont pas été remis sur la table, et surtout les écrans.

Tous ces détails exécutés vivement, on réveille le médium avec ménagements et on le dégage jusqu'à ce qu'il déclare se sentir très bien. On peut alors donner toute lumière à volonté.

Certains groupes spirites conservent, durant la séance, une lumière rouge très faible, à l'état de veilleuse. Cela dépend du caractère du médium et du genre de manifestations qui se produisent habituellement. Mais je préfère l'obscurité profonde ; elle permet au médium de mieux s'endormir et aux matérialisations, presque toujours vêtues de voiles blancs, d'apparaître avec plus d'éclat au moyen des écrans lumineux.

En dehors de nos procédés, dans quelques cas très rares, du reste, les esprits apparaissent en pleine lumière, mais je ne crois pas possible de fixer une méthode pratique et d'un emploi régulier pour ce genre d'apparitions.

Un certain effet fluidique se produit souvent au début d'une séance, quelques instants avant la première manifestation spirite. L'atmosphère s'imprègne d'un fluide blafard qui, malgré l'obscurité profonde, permet aux personnes qui ont de bons yeux de distinguer les objets de la pièce, ou le visage des assistants, et même de compter les doigts de la main. Très bons signes de forces fluidiques, avant-coureurs d'une bonne séance. Nous avons même vu des fluides se former derrière nous et tous les assistants, en se retournant, pouvaient constater l'essai d'une matérialisation, en un endroit de la pièce complètement en dehors de notre installation.

Lorsqu'une séance spirite est terminée, il n'y a plus à craindre aucune manifestation ni aucun phénomène de la part des esprits. Tout est calme et rentre dans l'ordre ».

14

SÉANCE DE CONTRÔLE

S i quelqu'un vous demande de donner une séance de contrôle, ne refusez pas. Il est des personnes sincères, qui désirent avoir une telle séance, afin de pouvoir dresser des procès-verbaux, faire des conférences ou des publications basées sur des faits officiellement contrôlés, et c'est avec plaisir qu'on leur donne satisfaction.

Il en est d'autres qui exigent des constatations hérissées de difficultés, dans l'espoir de vous confondre, et qui y mettent des conditions presque invraisemblables. Modérez ces désirs et ces exigences, sinon vous risquez de vous donner beaucoup de mal en pure perte.

Méfiez-vous de ceux « qui cherchent, non pas la vérité, mais les côtés présumés faibles de cette vérité pour mieux la jeter à bas ».

De toutes façons, si l'on exprime le désir d'une séance de contrôle, c'est qu'il y aura nécessairement des faits à contrôler, des manifestations physiques, des apparitions ou des matérialisations à constater, et dans ce cas, demandez aux contrôleurs de quelle façon ils désirent opérer et les moyens qu'ils veulent employer. Il est bon que vous soyez fixé d'avance, car certaines exigences sont très délicates et assez difficiles à exécuter.

Quand vous saurez à quoi vous en tenir, donnez une séance, soit publique, soit « seul », et exposez aux esprits les demandes et les conditions de vos contrôleurs. Ils les refuseront, ou les accepteront, ou les modifieront. Vous communiquerez au comité de contrôle ce qui vous aura été dit et transigerez avec lui.

Prévenez aussi votre médium, afin qu'il ne subisse aucune surprise désagréable, ni aucun affront.

Du moment que, grâce à vos bons soins, tout le monde se trouve d'accord, les esprits, le médium, les contrôleurs, et vous, le guide ; qu'il est certain que nul désagrément inattendu n'est réservé ni aux uns, ni aux autres, vous pouvez donner votre séance de contrôle en toute sécurité.

Ces contrôles consistent, le plus souvent, à faire brusquement de la lumière, à photographier, à attacher les mains du médium, — ou ses mains et ses pieds, — ou même le corps tout entier. Parfois on exige que le médium revête un costume spécial, ou toutes sortes de conditions encore.

Il arrive que les esprits détruisent eux-mêmes les précautions prises et les moyens de contrôle, qu'ils dénouent les ficelles, par exemple, ce qui donne lieu à des confusions et l'on est tenté d'accuser le malheureux médium qui pourtant est bien innocent de ces faits. Ne vous laissez pas influencer par les doutes qui seront émis et renouvelez votre séance, afin d'arriver, si possible, à satisfaire le comité de contrôle.

Il est bon de dresser quelques procès-verbaux à l'issue de bonnes séances, et de les faire signer par les assistants. Ils sont utiles, pour observer la marche des progrès réalisés et à d'autres points de vue encore.

Mais il y a des personnes si incrédules et décidées d'avance à ne rien admettre, malgré les preuves tangibles qu'on leur fournit, qu'elles ne croient à aucun phénomène, soupçonnent le médium de les provoquer ou accusent le guide d'être de complicité avec lui. Parfois même, elles prétendent que les manifestations sont produites au moyen de quelque subterfuge ou par des procédés insolites.

La seule chose à faire dans ce cas, c'est de proposer à ces irréductibles sceptiques, de vous fournir eux-mêmes des sujets à développer et dans lesquels ils ont entière confiance. Essayez ensuite de découvrir parmi les personnes qu'ils vous auront adressées, un ou plusieurs sujets répondant avec succès à l'examen que vous leur ferez subir, c'est-à-dire aux conditions de sensibilité, sommeil profond, fluides spéciaux dégagés durant ce sommeil, et quand vous les aurez développés, donnez une séance spirite, probablement même avec matérialisations, à ces contrôleurs intransigeants. Certains d'entre eux se rendront à l'évidence ; d'autres, le croira-t-on, soupçonneront malgré tout que les sujets, choisis par eux en toute confiance, ont été achetés par le guide et sont de connivence avec lui.

Ne vous formalisez pas, car c'est le propre de certains caractères inflexibles, continuez vos études en marchant toujours dans la voie de la vérité.

1 5

SÉANCE SPIRITE SIMPLE

Supposons, cher lecteur, qu'un soir, après une cérémonie de famille, n'ayant ni médium proprement dit, ni écrans lumineux, ni autres accessoires, vous désiriez essayer d'obtenir des communications ou des manifestations d'entités. Voici l'ordonnance d'une séance spirite réduite à sa plus simple expression :

« D'abord, écartez toute personne disposée au rire ou à la moquerie et qui ne serait pas respectueuse des phénomènes spirites.

Ensuite vous accrochez deux étoffes noires à l'angle d'une pièce et pour le moins à hauteur d'homme. Dans cet angle, vous faites asseoir, bien à l'aise, une personne de bonne volonté, sur une chaise ou, ce qui est mieux, dans un fauteuil. A sa gauche, une petite table avec du papier blanc et un crayon. A sa droite, sur le parquet, un vase garni de fleurs, mais sans eau. Posez un tapis par terre, aux pieds du médium. Brûlez deux ou trois pastilles du sérail ou un peu de papier d'Arménie.

Les assistants s'assiéront en cercle devant ce cabinet médiumnique improvisé, à une distance d'environ deux mètres.

Tout le monde élèvera son âme vers Dieu.

Faites marcher une petite musique mécanique ou bien jouez du piano très doucement.

Dans le cas où vous ne posséderiez aucune boîte à musique, ni piano, ni instrument harmonique quelconque, l'assistance fredonnera quelque air doux, romance, berceuse, cantique, etc., et en variant.

Faites l'obscurité complète et attendez. Si, au bout de vingt à vingt-cinq minutes, vous n'avez rien remarqué, ni entendu, donnez un peu de lumière, rendez la liberté au sujet qui se rangera parmi les assistants, et mettez une autre personne à sa place, non pourtant sans avoir bien constaté que rien n'a été dérangé et qu'aucun trait n'a été tracé sur le papier. N'hésitez pas à expérimenter ainsi quatre ou cinq personnes de suite. Si l'une d'elles possédait quelque fluide spirite, vous entendriez frapper des coups, vous obtiendriez des manifestations imprévues, des écritures, peut-être des chuchotements de voix, etc.

Je suppose que les sujets que vous éprouvez ignorent la science spirite et ne se soupçonnent aucun don spécial.

Il va sans dire que toute personne passant au cabinet du médium, devra se suggérer de s'endormir. Aidez-la, si elle le demande, par quelques passes, si vous savez en faire, sinon, laissez-la s'endormir d'elle-même.

Il est curieux de constater combien facilement s'endorment les personnes placées dans ces conditions.

Pour réveiller le sujet, éventez-le et soufflez-lui au visage et sur les yeux en le priant de s'éveiller.

Dans une séance spirite impromptue, et aussi simple, on ne peut pas s'attendre à des matérialisations visibles, mais cependant à des manifestations directes d'entités, pouvant parfois produire des effets surprenants et d'une grande force.

Quand une personne quelconque, remplissant le rôle de sujet, aura obtenu, durant son sommeil, quelques-uns des phénomènes indiqués ci-dessus, vous pourrez, sans hésitation, la soumettre aux épreuves préparatoires détaillées dans le chapitre « le Médium », et au bout de quelques séances, quatre ou cinq au plus, souvent à la troisième, lorsque vous verrez les écrans lumineux s'agiter, vous pourrez compter avoir devant vous un futur bon médium capable de produire des effets physiques, des manifestations d'entités, des écritures directes, et toute la gamme des matérialisations.

Beaucoup de personnes font usage de la table tournante et se trouvent satisfaites des succès réalisés. Mais qu'elles essayent d'obtenir des manifestations directes d'entités par les procédés exposés plus haut, et qu'on peut considérer comme faisant suite aux expériences de la table tournante. Elles auront une preuve plus évidente encore de l'existence des esprits ».

16

COMPTE RENDU D'UNE SÉANCE D'ÉTUDE ANTÉRIEURE

Vous rappelez-vous, cher lecteur, qu'au chapitre de « Mes Etudes, Découvertes et Aventures spirites » il est dit, qu'à un certain moment, je multipliais les expériences et me livrais à la recherche des médiumnités, et que, maintes fois, j'ai réuni un certain nombre de sujets pour les endormir en commun et les extérioriser, assisté de docteurs et de magnétiseurs, et cela toujours pour arriver à obtenir des matérialisations sans le concours de médiums proprement dits ?

Dans ce but, j'avais préalablement consulté les esprits eux-mêmes, à deux reprises différentes, par l'intermédiaire, d'un médium écrivain et d'un médium auditif. A la première consultation, voici ce qui me fut répondu :

« Tant que tu seras avec nous, nous te soutiendrons, nous te ferons sortir de toutes tes difficultés, mais pour cela nous te voulons à nous, tu seras notre porte-flambeau qui éclaire l'avenir. Suis ton idée, il faut la mettre à exécution. Bientôt tes sujets nous serons utiles, nous les formerons. Tu vas avoir encore des contestations, nous ne pouvons te les faire éviter, mais, ami, tu sortiras victorieux, grâce à nous. Surtout, ne confie rien à personne. Tes affaires vont encore être embrouillées exprès par des ennemis ; mais courage, tu dois faire surtout ce que

nous te demandons, des expériences. Tu as des atouts en main, joue ;
et, à cette seule condition, nous pourrons te sortir de ce bourbier où tu
te débats. Courage ! ».

« Esprit de Vérité »

J'obtenais ensuite cette seconde communication :

« Cher ami,

Votre idée est très bonne, le résultat sera bon, mais que de difficultés et d'obstacles vous rencontrerez sur votre route ! Comme la
cause en est très belle, l'Invisible vous aidera ».

« Mathurin » (Esprit)

Encouragé par ces deux communications, je résolus de faire ma
première expérience. La salle fut disposée un soir comme pour une
séance spirite ordinaire : tentures noires, lumière rouge très atténuée,
parfums, cabinet médiumnique avec table auprès ; table spéciale, à
l'extrémité de la pièce, pour écritures médianimiques, musique lente.

Etaient convoqués, des docteurs, des magnétiseurs, des spirites, un
guide, en même temps voyant, un médium voyant et un médium écrivain ; une pianiste spéciale, un alchimiste et, enfin, six sujets.

Nous n'avons pas obtenu de matérialisation, malgré nos efforts et
ceux des esprits. Cependant, voici les légers phénomènes qu'on a pu
noter durant cette séance d'études.

Après avoir formé le cercle devant le cabinet dans lequel nous
avions placé un des sujets, le magnétiseur et le docteur endormirent les
cinq autres. Ils les extériorisèrent et transportèrent leurs fluides sur le
sujet qui remplissait les fonctions de médium, afin de le charger d'une
masse fluidique considérable. Les deux médiums visuels aperçurent

des lueurs rouges, nuisibles et contrariantes. Celui qui se trouvait dans le cabinet signala qu'elles émanaient des fluides d'un sujet vêtu d'une robe rouge vif. On réveilla ce sujet et on le fit sortir.

Après quelques instants d'attente, ne constatant aucun phénomène apparent, nous consultâmes les esprits par l'intermédiaire du médium écrivain. Voici ce qui nous fut répondu :

« Je sers d'intermédiaire au maître de céans. Il faut, mes amis, placer un objet léger sur la table et fixer votre pensée sur cet objet pour commencer à obtenir un déplacement. Ensuite je vous guiderai par un signe au médium voyant pour vous dire s'il faut écrire, et je vous dirigerai par la suite ».

« Djemma »

On plaça un éventail sur la table, dans l'espoir d'obtenir une lévitation ou déplacement. On fit l'obscurité. Les personnes les plus rapprochées entendirent continuellement des grattements sur la table. Elles annoncèrent l'espoir, presque la certitude du déplacement des objets.

On fit la lumière. Rien n'était dérangé. On refit à nouveau l'obscurité. Alors les deux médiums voyants distinguèrent plusieurs esprits. L'un d'eux, une jeune fille, s'approcha de la table et fit, pendant un long moment, tous ses efforts pour soulever l'éventail, mais, manquant de force, abandonna la tentative avec des marques de profond découragement.

Les deux médiums voyants, qui ne se connaissaient nullement, étaient toujours d'accord pour le signalement des évolutions des esprits.

N'ayant obtenu, en somme, aucune manifestation apparente, nous nous sommes demandé s'il n'y avait pas un défaut dans notre organisation et dans l'application de modifications nouvelles que nous devions apporter à une séance ultérieure. Nous consultâmes de nouveau les esprits. Le même qui avait pris à cœur de s'occuper de nous d'une manière spéciale, répondit :

« Oui, mes amis, il faut, à la prochaine réunion, faire tous un appel mental et prier afin que de bons esprits soient avec vous. Ensuite le médium écrivain se placera à la table et nous vous guiderons. Aujourd'hui les places n'étaient pas disposées comme il faut. Un magnétiseur doit être à l'extrémité de la chaîne et non pas une dame. Il faut placer la table face au sujet dans le cabinet et au bord des rideaux. Ensuite nous vous donnerons les indications selon les influences et les dispositions des personnes présentes ».

« Djemma »

Ce fut au tour de l'alchimiste, qui plaça, au milieu du cercle, et sur le sol, deux plaques photographiques recouvertes de deux écrans. Je dois dire que, le lendemain, on constata l'image d'une main sur chaque épreuve.

Nous n'avons pas voulu terminer la séance sans consulter à nouveau les esprits et le médium écrivain se mit à table. Il allait nous lire ce qu'il avait écrit, l'ignorant lui-même ; mais il s'arrêta aussitôt, car le sujet placé dans le cabinet noir, subitement incarné, prit la parole et, de la part de l'esprit, nous adressa la communication suivante :

« Vous recherchez trop plusieurs phénomènes ; il faut que toute votre pensée soit fixée sur le même sujet. Les fluides sont épuisés ; je puis mieux écrire, pour cela, à la prochaine séance, il faudra nous demander de vous organiser d'abord. Nous partons ».

« Djemma »

Ensuite nous avons demandé au médium écrivain, placé avec sa table, à l'autre extrémité de la grande pièce, de nous lire ce que l'esprit avait écrit par sa main. Chose curieuse, ce qui était écrit était la reproduction exacte des paroles que venait de prononcer le sujet placé dans le cabinet noir. Ce fut là le phénomène spirite le plus intéressant de la soirée.

Pour ma part, je n'étais nullement satisfait des résultats obtenus. Cependant l'éminent guide spirite voyant m'affirma, au contraire, que, pour une première séance spirite où, avec intention, les principaux éléments manquaient, je devais me montrer content.

Je n'oublie pas que les esprits, au début, m'ont annoncé que j'aurais de grandes difficultés à surmonter dans les commencements de ces hardies tentatives et qu'ils m'ont promis que j'arriverais finalement au succès.

C'était une étude à poursuivre, de nouvelles expériences à tenter. Les esprits, d'ailleurs, nous ont promis leur concours pour la direction de nos recherches. Si nous réussissons, ce sera un peu à nous, mais surtout à eux que nous le devrons.

Je suis à même aujourd'hui de faire remarquer au lecteur que les esprits paraissent bien s'occuper de nous, en ce sens qu'ils nous donnent des conseils, qu'ils s'intéressent à nos études et à nos expériences, qu'ils nous suivent de très près dans toutes nos actions, mais qu'ils s'abstiennent volontairement, et cela de par la loi de l'Au-delà, de nous donner le mot de l'énigme. C'est à nous de le chercher avec persévérance et de le découvrir par nos efforts et par nos propres moyens. Il doit être notre ouvrage. Aussi quand nous l'avons découvert et quand nous sommes à même de donner pratiquement aux esprits les éléments voulus pour se manifester, nous sommes récompensés de nos efforts et nous pouvons alors communiquer avec eux et les voir. Et il faut en effet qu'il en soit ainsi, car s'il était permis aux esprits de nous fixer une ligne exacte de conduite, quand nous les en prions, nous abandonnerions le rôle pour lequel nous sommes sur terre et nous n'aurions plus désormais qu'une seule pensée, celle de nous adresser à eux pour tout ce que nous aurions à faire ici-bas.

Décidé à poursuivre mes expériences, je ne cessais d'y réfléchir, prenant tout le temps nécessaire à mes combinaisons et à mes projets, et consultant quelquefois les esprits par l'intermédiaire de mes médiums écrivains et typtologues.

Voici une communication obtenue par mon médium écrivain :

« Nous t'avons inspiré de demander cette communication, mais à l'avenir, il faudra demander ces communications avant toute autre expérience avec le sujet.

Maintenant, avant de répondre à tes questions et de donner nos instructions, aussi bien à toi qu'au médium, nous allons nous assurer de votre aide jusqu'au bout, c'est-à-dire que vous ne vous laisserez pas aller au découragement ; car ainsi que nous te l'avons dit, nous voulons faire une grande œuvre. Tu seras notre porte-flambeau, et pour cela il faut que tu sois bien à nous, ainsi que ton médium ; nous en avons grand besoin pour te faire parvenir nos instructions. Il faut qu'il te reste acquis à toi seul ; à cet effet, use de ton influence magnétique. Nous allons te dire en quelques mots pourquoi nous t'avons choisi. Prêtres dans l'Inde, nous avons été liés ensemble dans une autre existence et nous avons vu quel plaisir tu prenais, dans ta vie actuelle, à tous les mystères hindous. Aussi es-tu appelé à mener à bien cette grande œuvre. Maintenant, pour répondre à tes questions, le cabinet doit être placé dans l'angle opposé, c'est-à-dire à la place du piano. Les sujets qui viendront devront être nommés, afin que je puisse les désigner s'ils ne font pas notre affaire. Il faut qu'ils soient au moins six, plus peut-être, selon leur force.

Tu peux mener cette affaire à bien, il le faut. Garde toutes ces communications, car un recueil sera nécessaire et peut-être en demanderons-nous la publication.

Mes chers amis, vous êtes liés tous deux, restez unis. A vous deux, vous nous servirez de tremplin pour nous élancer dans le monde ».

« Djemma »

J'ai obtenu par les mêmes moyens la deuxième communication ci-après :

« Je suis loin de toi et tu m'oublies complètement. C'est la première fois que je me communique. Je reviendrai ».

« Maria »

« C'est un esprit pour toi, mon ami, il a pris toutes les forces pour te rappeler son souvenir.

Il faut faire cette séance le plus tôt possible ; la date nous importe peu, mais tu as beaucoup à travailler les sujets. Nous te guiderons au fur et à mesure des événements... ».

(Ici le médium tombe en crise et la communication reste inachevée).

Dans la suite, beaucoup d'autres consultations et séances eurent encore lieu, mais sans que je parvinsse à mes fins. J'en épargnerai les détails à mes lecteurs. Qu'on sache seulement que je ne recevais que des encouragements et des conseils qui frisaient la découverte du moyen cherché. Il a donc fallu absolument trouver le mot de l'énigme, et nous sommes enfin arrivés plus tard à le découvrir.

17

UN MÉDIUM ORIGINAL

Au cours des expériences que j'ai faites avec des médiums secondaires, il s'en est trouvé un qui attira plus particulièrement mon attention par son originalité.

Ce médium me fut présenté par la personne même qui me l'avait recommandé. C'était un homme de trente ans environ, d'une bonne corpulence, sans exagération cependant, complètement rasé, un peu joufflu, à la figure joviale et au caractère gai. Il appartenait au monde du théâtre, et pour préciser, il était acrobate.

Il tint premièrement à me faire savoir qu'il n'était nullement médium, qu'il n'avait pas non plus l'intention de le devenir et que s'il avait consenti à répondre à mon invitation, c'était uniquement sur les instances de notre ami commun.

J'abondai dans son sens... et le priai de prendre place à la table, avec mes amis. Il y consentit volontiers, persuadé que les phénomènes qui se produiraient ne seraient réellement dus qu'à la présence et aux fluides des assistants. Nous étions en tout six personnes.

La table fut placée dans le cabinet noir. Chacun de nous y posa ses mains, de façon à se trouver en contact, à droite et à gauche, avec celles du voisin. Nous formions ainsi une chaîne ininterrompue et le contrôle était parfaitement assuré. De plus, je plaçai pour la circonstance une table plus petite que la précédente, en osier, à quatre pieds, dans ce même cabinet.

Tout le monde bien installé et dispos, je tirai les grands rideaux, enfermant l'assistance entière, dans le but de concentrer les fluides. Les lumières furent presque complètement éteintes. Ensuite, conformément aux usages, notre petit groupe éleva un instant ses pensées vers Dieu et nous attendîmes les phénomènes.

Le médium, que nous appellerons dorénavant par la lettre initiale de son nom, C***, ne pouvait se résoudre à observer le silence ; il parlait, riait et faisait rire, en critiquant les esprits qui ne venaient pas, et il se conduisait positivement en Monsieur bien décidé à s'amuser, heureux de prouver que sa soi-disant médiumnité était inefficace. Mais bientôt, malgré le peu de bonne volonté qu'il mettait à l'action, la table se mit en mouvement et exécuta plusieurs lévitations d'une belle hauteur, à ma grande satisfaction, car cela me permettait d'en bien augurer pour la suite. Il y eut un temps d'arrêt, puis des coups frappés violemment sur la table nous avertirent que l'esprit désirait nous faire une communication. En effet, il réclama l'extinction des lumières ; nous fîmes donc l'obscurité complète. La table fit de nouvelles lévitations, beaucoup plus prononcées que les précédentes, demeurant longtemps suspendue, bien que plusieurs d'entre nous, naturellement sceptiques, eussent appuyé de toutes leurs forces sur le dessus pour contrecarrer le mouvement.

Quelques conversations échangées avec les esprits nous ont remplis d'admiration, par la précision des réponses. Nous avons senti la petite table disponible remuer, s'agiter, puis se soulever en glissant doucement entre deux des observateurs ; elle s'éleva d'elle-même à une certaine hauteur et, passant au-dessus de nos têtes, elle vint se poser debout sur notre table. Deux coups frappés fort nous firent comprendre que le phénomène avait eu lieu. On donna de la lumière, tout le monde se leva, et nous constatâmes clairement le fait.

M. C*** lui-même se montra satisfait et déclara cependant que le hasard seul avait réuni quelques personnes ayant un fluide harmonieux et puissant, car selon lui il n'était pour rien dans le phénomène. On leva cette première séance qui avait duré à peu près deux heures.

Quand j'avais le temps de consacrer une soirée à une nouvelle séance, j'écrivais aux invités et au médium. Celui-ci me répondait à peu près chaque fois : « Cher Monsieur, c'est avec plaisir que je me rendrai à votre aimable invitation, car vos séances m'intéressent beaucoup ».

Je constatais régulièrement l'entêtement de M. C*** à ne pas se croire médium. Nous faisions tout notre possible, d'après sa croyance, pour ne pas lui parler de ses facultés spéciales sur lesquelles cependant nous comptions absolument.

Arrive notre huitième séance, et voici, en résumé, ce que nous avons obtenu jusqu'alors.

Placés, comme de coutume, dans le cabinet noir, et enveloppés de grands rideaux, nous attendions les manifestations. D'abord des grattements prolongés sur la table, ou dessous, puis des coups violents nous indiquaient un changement à faire dans notre installation.

Lorsque la conversation s'engageait avec les esprits, la table ne marchait pas en s'inclinant, comme elle le fait d'habitude, mais elle se soulevait et retombait sur ses quatre pieds, nous donnant, par sauts, dans l'ordre alphabétique, des mots ou des phrases, ou même des nombres.

Durant nos séances, nous sentions des mains invisibles, matérialisées, saisir les nôtres, nous caresser le visage, nous tirer le bout du nez et renouveler plusieurs fois ces curieuses indiscrétions.

Nous remerciions l'esprit, mais le médium, avec son esprit gaulois, voulait savoir à qui nous avions affaire, et demanda si l'entité qui nous touchait de la sorte était un homme ou une femme.

L'esprit daigna lui répondre par la table et par des lévitations, que c'était une femme ! M. C*** demanda, de plus, si cette femme était jeune ou âgée. L'esprit répondit encore qu'elle était jeune. Le médium, poursuivant ses questions plutôt indiscrètes, demanda encore si cette femme était jolie. Il reçut alors, en guise de réponse, un sonore soufflet.

Désireux d'obtenir de l'écriture directe, pour rendre nos séances de plus en plus intéressantes, nous plaçâmes sur la table un cahier de papier écolier et un crayon. Nous entendîmes alors les esprits remuer les feuillets et le bruit du crayon courant sur le papier. Ils remplirent parfois une demi-feuille, d'autres fois, nous n'obtenions que quelques mots. Cependant il est arrivé de trouver trois grandes pages couvertes d'écritures différentes, avec signatures. Les esprits nous adressaient généralement des phrases de satisfaction et d'encouragement. Un soir que le médium était un peu souffrant, nous avons trouvé tracés ces mots : « Va te coucher ! ».

La petite table, dont il a déjà été question, faisait des évolutions en dehors de son habitude. Elle se soulevait et venait se poser sur celle autour de laquelle nous étions assis, en passant au-dessus de nos têtes. Il lui prenait souvent la, fantaisie de se retourner durant sa lévitation et de se poser sur notre table, les quatre pieds en l'air, ou bien encore elle passait par dessous.

Nous sentions parfois des chevelures odorantes nous caresser les mains. Ces phénomènes nous étaient généralement annoncés par un souffle frais et doux, autant qu'agréable par son odeur, et qui passait sur nos mains et nos visages. Un grand voile très léger, placé en dehors du cercle, servait souvent aux esprits pour nous couvrir ou pour envelopper l'un de nous.

Un soir, le médium, assis sur sa chaise, fut soulevé à une certaine hauteur. Je m'attendais à tout avec ce médium que j'estimais être d'une grande force, bien que je ne le connusse pas à fond. Je craignais pour lui une lévitation capable de le laisser suspendu à mi-hauteur de la pièce. L'incorrigible M. C... ne cessait de critiquer les esprits et de railler leurs efforts. Il se permettait même de saisir la chevelure et les mains matérialisées qui nous touchaient ; incroyable audace de la part d'un médium, aussi recevait-il, dans ces cas-là, une volée de coups de poings invisibles.

Au cours de l'une de nos séances, en pleine expérience et dans une profonde obscurité, sans que rien d'ailleurs nous fît pressentir ce qui allait arriver, M. C... s'écroula de sa chaise et tomba inanimé sur le plancher. Une lueur blafarde éclaira son corps et nous permit d'y voir presque clair dans la pièce. Un peu surpris de cette chute, et devant le corps inanimé de M. C..., à qui cet accident arrivait pour la première fois; nous sommes restés un instant indécis, nous demandant si le médium avait eu une défaillance ou s'il commençait à entrer dans une transe médiumnique. De l'avis unanime, on préféra s'occuper de l'homme plutôt que du médium ; on fit de la lumière, il fut relevé et placé sur un canapé. Il revint bientôt à lui et manifesta une grande surprise de se voir dans cette position, entouré de nous tous. Il se remit cependant assez vite de son émotion.

Malgré cet incident, la séance reprit son cours avec la série des phénomènes habituels. Nous nous promettions pourtant, si cette crise se renouvelait avec les lueurs qu'elle avait engendrées, d'abandonner le médium à lui-même dans l'espoir de voir se produire des fluides ou des apparitions. Car, ne l'oublions pas, noue étudiions un médium qui n'avait aucune notoriété, que nous ne connaissions pas, et cela, pour ainsi dire, à son insu, ce qui nécessitait de notre part un surcroît d'attention et de tact. L'une de nos dernières séances fut marquée par un fait qui provoqua notre admiration et qui nous laisse encore dans la plus grande perplexité. Nous avions parmi nous un architecte, M. B..., l'homme le plus sceptique que j'aie jamais rencontré. Après avoir constaté à diverses reprises, avec toute l'assistance, des écritures directes, M. B... voulut offrir aux esprits de plus grandes difficultés. A cet effet, et sur sa demande, on mit du papier et un crayon dans une boîte en bois qu'il ferma lui-même et dont il cacha la clef dans une des poches de son habit. Le résultat ne se fit pas longtemps attendre : l'architecte sentit des mains matérialisées fouiller dans la poche où il avait caché la clef parmi divers objets qui s'y trouvaient ; ensuite nous entendîmes clairement la clef s'introduire dans la serrure de la boîte et le crayon courir sur le papier. Un moment après, nous perçûmes distinctement la boîte se refermer. Nous étions tous d'accord sur la réalité du phénomène ; mais, tout n'était pas fini, car la boîte s'éleva au-dessus de nos têtes, évolua dans l'espace, assez longtemps, s'agitant et faisant entendre le bruit caractéristique d'un objet secoué à l'intérieur. Nous avons supposé avec juste raison que c'était le crayon qui produisait ce bruit. La boîte vint finalement reprendre sa place sur notre table. Plusieurs coups violemment frappés nous avertirent que l'expérience était terminée.

Désireux, comme on le pense, d'examiner les détails de cette manifestation, il fut convenu que personne ne bougerait, sauf l'un de nous pour donner de la lumière. Nous vîmes alors que notre grand voile blanc recouvrait notre table, y compris la boîte ; que les poches de plusieurs assistants avaient été soigneusement fouillées et que les différents objets qui s'y trouvaient avaient changé de propriétaire. On rendit à chacun ce qui lui appartenait, après quoi on lut les écritures qui étaient restées sur la table.

Notre attention se reporta ensuite sur la boîte que nous retrouvâmes fermée à clef, avec la clef placée à l'intérieur. Seule une ficelle assez longue, qui y était attachée, sortait par la feuillure. Il y avait de quoi confondre les plus sceptiques. Le plus surpris, ce fut M. C... et nous avons respecté sa stupéfaction. Quant aux écritures, elles furent réclamées et déchirées par les esprits eux-mêmes.

Ces faits, en attendant mieux, ont été dûment constatés par des sommités du spiritisme, ainsi que par des personnes très au courant des phénomènes médiumniques.

M. C... s'est refusé à croire que ces manifestations étaient dues à ses dons spéciaux et, par courtoisie, nous nous sommes rangés à son avis. Que voulez-vous ? Il affirme sincèrement « qu'il n'est pas médium ! ».

18

ANECDOTE VÉRIDIQUE

Certaines personnes supposent que l'étude des sciences, dites occultes, conduit à la déraison, voire même à la folie. C'est une erreur. Le spirite, digne de ce nom, élève son esprit au-dessus des choses matérielles et il considère les actes et les évènements humains avec une clairvoyance bien supérieure à celle du commun des mortels.

Mais il ne faut pas abuser du spiritisme, sous peine de transformer le bien en mal.

Je n'ai connu qu'un seul spirite qui, ayant laissé errer son esprit d'une façon trop constante dans les régions supérieures, finit par le laisser s'y évaporer en partie. Pourtant cet homme était un savant, un auteur sérieux et même un bon guide spirite.

Après l'avoir perdu de vue depuis la guerre, je l'ai rencontré dernièrement et lui ai demandé des nouvelles de ses expériences et de ses esprits familiers.

— « Je ne fais plus de spiritisme, me dit-il, les esprits abusent de moi et me font trop de misères ».

— « Que vous font-ils donc ? »

— « Lorsque j'écris, ils cachent mon crayon sous mes papiers. Je cherche mon binocle égaré, et je m'aperçois qu'ils viennent de le poser sur mon nez. Mieux que cela ! Je retrouve mon déjeuner l'après-midi, dans la cuisine, quand je suis certain d'avoir pris mon repas à l'heure habituelle ».

Je jugeai tout de suite que l'abus des « voyances » célestes auxquelles il s'était livré pendant trop longtemps et avec trop d'ardeur, avait causé de graves désordres dans son cerveau. Il se plaignait notamment que les esprits lui faisaient tremper son porte-plume dans l'encrier, du côté du gros bout, et mettre dans ses chandeliers les bougies la pointe en bas.

— « Tenez, continua-t-il, pas plus tard qu'hier, profitant de ce que ma femme restait à la maison, je suis sorti pour faire quelques courses. Ce ne fut qu'une série d'aventures. Après avoir mis une lettre à la poste, je me suis dirigé du côté de ma principale affaire. Tout à coup j'ai aperçu sur la plaque indicatrice que la rue avait changé de nom et pris celui de la voisine, et pourtant je reconnaissais la rue et les maisons. Je me suis adressé à un agent qui m'assura que j'étais dans le bon chemin et me pria de regarder la plaque. Il avait raison, les esprits venaient de la remettre en place !

En rentrant chez moi, j'ai acheté un pot-au-feu pour notre dîner ; au moment de payer, mon porte monnaie était vide : le billet de vingt francs, que j'y avais mis, avait disparu ! »

— « Alors les esprits vous ont volé, probablement pour faire un apport dans quelque endroit ? »

— « Du tout, vous allez voir ! Au moment d'entrer chez moi, plus de clefs ; subtilisées, elles aussi ! Je fus obligé de sonner pour me faire ouvrir. Je m'aperçus alors que les esprits avaient déposé mes clefs sur la table et mon billet de vingt francs sur la cheminée. Ma lettre, mon cher Monsieur, était revenue aussi ; *ils* l'avaient mise sur mon bureau. Mais tous ces incidents spirites ne seront pas perdus, je les relaterai dans une des revues dont je suis rédacteur, et ils serviront à éclairer la science ! »

— « Enfin, me risquai-je, tous ces détails ne constituent pas, en somme, une bien grande obsession ? ».

— « Mais si, mais si, vous allez voir : quand je vais satisfaire un besoin naturel, les esprits m'obligent à recommencer quelques minutes après. La nuit, ils me découvrent, le froid me réveille et, stupéfait, je vois ma chère femme qui veille sur moi et, constatant mon effarement, elle me prodigue des paroles d'apaisement et de consolation.

Le matin au réveil, j'aperçois au pied du lit, un esprit qui me regarde ; c'est un malin esprit, à mauvaise figure, l'air Boche. Il prononce des mots incohérents : lolo, papa, mama, titi, tata, nanan, etc. Et quand je conte ces aventures à des profanes, on ne me croit pas. Un de mes amis, à qui dernièrement je les avais confiées, osa même déclarer que je tournais au gâtisme, et il me dit cela juste au moment où je cherchais partout mon chapeau que les esprits m'avaient mis sur la tête, en sa présence, sans que, ni l'un ni l'autre, nous ne nous en fussions aperçus ».

Là-dessus finit notre entretien. J'étais fixé sur l'état mental de mon ami. Heureusement que là, comme partout, la Providence a placé le remède à côté du mal. Pour détruire les effets de l'esprit malfaisant, notre persécuté est convaincu qu'il n'a qu'à brûler un journal pour que les choses reviennent à leur état normal, le feu ayant tout purifié.

Voilà où peut conduire le spiritisme pratiqué avec excès, l'extase exagérée et prolongée dans les sphères supérieures où nos fluides finissent par être absorbés et dissous. L'âme éprouve certainement une sorte de ravissement dans ces régions mystérieuses, mais elle se perd dans des espaces trop vastes pour elle et au milieu d'éléments dans lesquels elle évolue trop tôt.

Ce cas est rare, heureusement ; il est si rare, même, qu'on peut presque n'en pas tenir compte. Il suffit, pour éviter de tomber dans ce danger, de rappeler le conseil que j'ai déjà donné : si vous faites du spiritisme, agissez avec modération et prudence, et ne laissez pas votre esprit s'égarer dans les régions trop élevées du monde astral, comme il se perdrait s'il voulait mesurer l'infini ou l'éternité.

19

ARTICLES DE JOURNAUX

Parmi les nombreux journaux qui ont parlé de mes séances, voici quelques extraits qui confirmeront la réalité des phénomènes spirites exposés dans le présent ouvrage.

Je fais remarquer : 1° que les articles de la « *Vie Mystérieuse* », 10 avril 1914, et du «*Journal* », 14 juin 1914, relatent les manifestations et matérialisations obtenues par le grand médium de Londres, réputé le plus fort du monde ; et 2° que « *Le Cri de France* », 23 décembre 1916, et le journal « *Vaugirard-Grenelle* », 31 décembre 1916 et 7 janvier 1917, font le compte rendu des phénomènes obtenus en 1916 par des médiums nouveaux et développés en moins d'une année.

~

« La Vie Mystérieuse », 10 avril 1914
MATERIALISATIONS ?
Par Fernand Girod

« Il y avait bien longtemps déjà que notre confrère et ami M. Borgnis — bien connu dans les milieux spirites pour son dévouement et son grand désintéressement à la cause — nous avait dit : « Je vous réserve une surprise, mais là, une bonne surprise qui vous fera, j'en suis certain, le plus grand plaisir. Vous vous intéressez aux médiums et aux phénomènes extraordinaires qu'ils produisent ; eh bien ! Soyez tranquilles, je vous en montrerai des phénomènes extraordinaires, déconcertants, invraisemblables, mais vrais, très vrais cependant. Pour cela, je ne vous demanderai qu'une seule chose : avoir de la patience ; sachez attendre, et je vous promets que vous ne serez pas déçus ».

Nous attendions donc, confiants, et un jour vint, qui fut hier, où nous assistâmes, M. de Rusnack et moi, à l'expérience la plus extraordinaire que nous ayons jamais vue. Les phénomènes que nous observâmes sont tels qu'ils confondent l'imagination et qu'a les raconter on hésite, non pas seulement à cause de leur invraisemblance, mais aussi parce qu'il est malaisé d'en faire l'exacte description. Nous nous emploierons cependant de notre mieux à donner la physionomie de la séance qui eut lien pour nous le 18 mars, chez M. Borgnis.

Disons d'abord que pour des raisons toutes personnelles au médium, nous avons été expressément priés de ne pas donner son nom ; n'ayant assisté à la dite séance que sous cette condition dernière absolument *sine qua non*, et ayant fait promesse, on comprendra notre discrétion.

Il s'agit en l'espèce de phénomènes de matérialisation, et, pour être matérialisé, ce que nous vîmes l'était véritablement ; nous en eûmes, en outre, l'impression visuelle, l'impression auditive, car les apparitions parlèrent à nos oreilles, et l'impression tactile, car ces mêmes apparitions nous touchèrent et ce, sur le même instant qu'elles se montraient.

Nous savons d'avance que l'on nous dira : « Vous avez été les passives victimes d'un habile et preste dissimulateur ». Oui... mais s'il est des manifestations « truquables », c'est-à-dire qui se peuvent expliquer ou reproduire par un artifice quelconque, il en fut plusieurs, dans l'expérience du 18, qui nous paraissent absolument inimitables. Avant que de nous appesantir sur ces dernières, donnons, aussi scrupuleusement qu'une mémoire peut le permettre, le compte rendu technique de cette impressionnante séance.

Le médium est un jeune homme d'une trentaine d'années, de taille moyenne, le visage est pourvu d'une petite moustache, les cheveux mi-longs sont taillés à l'anglaise ; il est vêtu d'un complet à veston court.

L'assistance se compose de quatorze personnes, et c'est dans un salon d'environ 4m50 sur 5 et de 3 mètres de haut, que l'expérience doit avoir lieu. Dans un angle de cette pièce est le cabinet médiumnique constitué simplement, comme tout autre, par deux grands rideaux noirs, le fond étant également drapé d'étoffe noire. Onze d'entre nous se placent en demi-cercle devant le cabinet[1] de façon que le médium soit complètement enfermé par cette haie d'observateurs. Nous nous tenons par la main, nos chaises se touchent ; le médium s'assoit sur une chaise aussi simple et aussi nue que les nôtres. La lumière blanche est éteinte, la salle ne reste éclairée que par deux lampes électriques recouvertes d'andrinople rouge.

Après quelques minutes, le médium, qui a procédé. à de profondes inspirations, demande un peu de lumière blanche, il s'approche des observateurs qu'il magnétise pour « mélanger les fluides », fait changer de place certaines personnes dont les dits fluides ne s'harmonisent pas ensemble ; il va vers la deuxième personne qui est à sa-droite, à lui médium, la prie de projeter fortement sa main en avant, et aspire, pour ainsi dire, fluide qu'il semble voir s'en échapper.

Pour se rendre compte si l'opération a réussi à son gré, le médium pose la main, et celle de la personne dont il vient d'être parlé, sur un petit guéridon placé à proximité, en dedans du cercle, et l'élève sans plus de formalités, à plus de 0m50cm : les fluides sont bons. (A noter que plusieurs feuilles de papier écolier avaient été interposées entre les mains et le plateau de la table) :

Le médium entre à nouveau dans son cabinet ; toute lumière est maintenant éteinte et les phénomènes commencent.

Ce sont tout d'abord des voix de différentes tonalités, de langues française et anglaise, et qui semblent venir, les unes, de très loin, les autres de plus près. Ces voix s'entretiennent ensemble, se concertent, mais parlent presque toujours l'une après l'autre, et ceci fait penser tout de suite à un phénomène simple de ventriloquie ; aussi, sur le moment n'attachons-nous pas autrement d'attention à ce genre de manifestation. Mais voilà qu'une voix se rapproche qui maintenant parle hors du cabinet et tout près de nous ; c'est « sœur Cerise » nous

---

1. Deux autres personnes restent en dehors du cercle, c'est : 1° M. Maurice, secrétaire de M. Borgnis, qui est proposé à l'allumage pour quand il est besoin et 2° la pianiste, une jeune fille qui, pour aider aux phénomènes, joue quelques accords très doux, très lents, et s'arrête dès qu'on le lui demande.

dit-on, et « sœur Cerise » s'entretient longuement avec ma voisine de gauche, qui connaît cette « entité » depuis quelque temps déjà.

Pendant que la conversation se poursuit, une des ardoises lumineuses[2], qui ont été placées à terre dans le cabinet médiumnique, est soulevée, approchée rapidement des observateurs et une tête d'Arabe, parfaitement formée se montre successivement à chacun de nous, s'approchant à une quinzaine de centimètres de nos visages, l'écran phosphorescent placé sous le menton. Cette « apparition » ne parle pas, la bouche reste bée, les yeux sont mobiles, le teint est bronzé, la barbe est drue, la tête est surmontée d'un turban. L'Arabe fait le tour, se montre parfaitement à chacun, insiste, revient, puis l'ardoise tombe devant nous, tout disparaît. Et « sœur Cerise » s'entretient toujours avec ma voisine ; mais j'observe qu'elle ne lui cause pas constamment.

L'Arabe vient de disparaître, une petite lueur sort à nos pieds qui monte graduellement — ce n'est pas une ardoise, cette fois — la lumière arrive à la hauteur de nos têtes, nous voyons alors un petit Indien, un adolescent, qui éclaire son visage en tenant ses mains — recouvertes de voiles et dans lesquelles se tient la substance lumineuse — sous son menton. Nous l'avons tous bien vu, il est encore au milieu du cercle, tout près de nous, quand la lumière[3] se prend à descendre lentement et nous voyons l'apparition se fondre littéralement dans le sol, à nos pieds, là même où elle a pris naissance.

Dans le cabinet, les voix ont repris et l'arrivée d'un « fakir » est annoncée. C'est, en effet, un bel indou qui nous apparaît maintenant, tenant une ardoise lumineuse qu'il vient de ramasser à terre ; et si, malgré la précédente apparition, des doutes ont pu subsister en nous, celle-ci va nous démonter complètement. Le fakir se présente devant chacun de nous, l'ardoise est mobile sous son visage qu'il nous montre de côté et d'autre, insistant pour qu'on l'examine bien ; il agite les lèvres, mais ne parle pas — devant moi du moins — Il est également

---

2. Ces ardoises, dont les dimensions sont environ de 25cm sur 20, sont enduites d'une composition fluorescente (sulfure de calcium ou autre, nous n'avons pas pu savoir, et l'examen visuel ne nous a pas permis de nous rendre compte exactement) et permettent de voir très nettement les objets et les visages qui sont interposés devant. Présentée face à moi, par exemple, une ardoise m'a permis de détailler simultanément le profil de mes deux voisins de chaîne.

3. On peut comparer cette lumière à la phosphorescence que produiraient une dizaine de vers luisants.

coiffé d'un turban, mais ne ressemble pas du tout à l'Arabe qui s'est montré, en premier lieu. Le fakir est rappelé de l'autre côté du demi-cercle ; il s'y transporte instantanément, revient vers nous qui le demandons à nouveau, se retransporte au centre du cercle et de là, tenant l'ardoise à hauteur du buste montre l'étoffe dont il est enveloppé — c'est une sorte de mousseline —, se dirige vers le cabinet, soulève un des rideaux et éclaire le médium que vingt-six yeux voient simultanément à l'apparition. Pour plus de certitude encore, le « personnage », à l'aide de son ardoise, frappe à plusieurs reprises sur la tête du médium qui dort profondément sur sa chaise ; l'ardoise tombe, l'obscurité règne de nouveau.

D'autres apparitions se succèdent : c'est une sœur qu'on nous dit être « sœur Thérèse de l'Enfant Jésus ». Le visage est bien féminin et très doux. Cette tête est recouverte d'un voile noir d'où émerge l'étoffe blanche du serre-tête. C'est ensuite la physionomie d'un homme âgé, à moustache et barbiche blanches : c'est « Guillot » ou le « Docteur». Ici encore un phénomène qui nous a paru peu susceptible d'être reproduit par un moyen frauduleux : le « Docteur » qui tient toujours l'ardoise lumineuse, la laisse tomber tout à coup, là devant nous, et avant que nous ayons eu le temps de saisir un moment d'obscurité complète, les ardoises tombent toujours le côté lumineux contre terre et le plus souvent de hauteur d'homme — l'écran est relevé, et une tête d'homme, complètement imberbe, se montre à nous.

Enfin la plus belle et la plus persistante des apparitions est celle de « sœur Amy » ; c'est une très jolie et très expressive physionomie qu'encadrent de longs voiles blancs. « Sœur Amy » parle aux uns et aux autres tout en se faisant voir ; elle reste longtemps parmi nous, va à l'un, puis à l'autre qui la réclame ; montre son visage sous tous les angles en déplaçant l'ardoise lumineuse, montre aussi son bras qu'on lui demande. C'est bien un bras féminin auquel s'attache une fine petite main. Celle-ci, sur notre insistance, nous touche ; l'impression du contact est celle que produit un corps vivant. Pendant que l'apparition va, vient et parle, on entend dans le cabinet le médium se frotter activement comme pour se réchauffer, action qu'il exerce, du reste, presque constamment durant que les phénomènes sont là.

Parlerons-nous de « Joé » que l'on nous présente comme un ancien clown et qui, ne pouvant se montrer à nous ce soir, exécute quelques tours de sa fantaisie, parlant tout d'abord du fond du cabinet, puis semblant descendre dans les sous-sols, parlant sous nos pieds et comme à travers le plancher, puis enfin face à nous, en nous touchant rapidement les genoux de ses mains menues et nous expliquant que pour venir jusque-là, il a dû passer par la cave ? Parlerons-nous de « sœur Cerise », qui tient toujours de longues conversations en un français très pur ? Non, nous n'ajouterions rien maintenant qui soit mieux ni plus étrange que les scènes auxquelles nous venons d'assister, et après cette narration, quelques déductions s'imposent que voici succinctement.

1° Il est évident que dans les conditions d'expérimentation où nous nous trouvions : chaîne des mains ne pouvant être rompue, pas de lumière possible à notre gré, le médium non préalablement visité, de nombreux doutes subsistent. Cependant, à défaut de contrôle plus sévère, il nous semble que certains phénomènes, comme la vision simultanée, par tous les assistants, des deux personnages : apparition et médium, est bien faite pour entraîner une conviction contraire à la fraude.

2° Une idée qui naît à l'esprit des personnes n'ayant pas assisté aux phénomènes, et à qui on les raconte, est que les têtes vues ne sont autres que des masques de caoutchouc que le médium s'applique, se dérangeant lui-même pour les animer.

S'il est, en effet, quelques figures qui, au point de vue de l'expression, se peuvent imiter avec le caoutchouc, il en est d'autres, comme celle de « sœur Amy », par exemple, qui paraissent peu susceptibles de trouver cette expression de vie qui en fait la beauté et la plus nette caractéristique.

Cette hypothèse du médium se déplaçant après s'être appliqué un masque et avoir revêtu un costume « ad hoc », paraît d'autant moins facile à soutenir qu'il y a ce contrôle auditif du médium se frottant dans le cabinet, ainsi que des voix qui y parlent, alors que l'apparition est nez à nez avec nous. Reste alors cette autre hypothèse du masque habillé que le médium actionnerait de sa place, c'est-à-dire de 1m50 à 2 mètres, au moyen de tendeurs et de ficelles. Cette explication ne peut prendre corps lorsqu'on a pu constater la mobilité et la souplesse des forces électriques, dont un ingénieur consommé peut seul avoir l'idée, et qu'il serait impossible de réduire à un petit volume permettant l'invisibilité, puisque rien ne le trahit à première vue sur le médium. Et puis, quelle précision merveilleuse il faudrait pour faire revenir l'apparition juste en face du visage de la personne qui la réclame, pour montrer le bras en même temps que la figure, et pour toucher sur la demande ! Et puis, la disparition de la forme à nos pieds mêmes, le changement immédiat d'une apparition en une autre, et par-dessus tout cela, la vision nette, précise, par tous les observateurs, des deux personnages dans le cabinet médiumnique ?

Selon nous, il n'est qu'un moyen qui permette de réaliser frauduleusement ces manifestations avec la même vérité, c'est, pour le moins, l'existence d'un compère. Or, il n'en est pas parmi nous, journalistes et psychistes que nous étions ; il n'est pas de trappe, ni de porte à secret chez notre ami M. Borgnis. Alors ?... alors la chose devient impressionnante au suprême degré et nous voici obligés à y voir l'intervention de forces ambiantes intelligentes qui n'étaient pas des nôtres avant que la séance commençât.

Quant à définir ce que sont ces forces ambiantes, intelligentes, il serait trop prématuré de le faire à l'issue d'une unique séance, aussi attendrons-nous, confiants encore, que notre ami, M. Borgnis, qui nous l'a formellement promis, nous fasse assister à de nouvelles expériences. Pour l'instant, qu'il reçoive ici l'expression de notre profonde gratitude et de nos sentiments les plus admiratifs pour son noble dévouement et son grand désintéressement à la cause que nous aimons ».

Fernand Girod

Extrait du « Journal », 14 Juin 1914
UNE SOIREE TROUBLANTE

« Dans les ténèbres, des fantômes évoqués vous parlent et vous touchent. Dans une chambre dont toutes les glaces, tous les tableaux, tous les objets brillants sont voilés de noir, de l'encens brûle, des fleurs dégagent des parfums discrets ; au piano, une jeune fille plaque de lents accords et nous six, trois hommes et trois dames, nous faisons la chaîne, devant une petite cabine, fermée par de longs rideaux sombres. Je suis chez un spirite notoire, convaincu, qui m'a convié à cette soirée dans le but de m'édifier. Il a pu décider un médium anglais, fort célèbre à Londres, à passer le détroit ; ce médium est l'un des rares qui obtiennent des « matérialisations », c'est-à-dire que pendant qu'il est en transe, des esprits, des entités, pour m'exprimer dans le langage de l'occulte, s'incarnent, se matérialisent, apparaissent aux yeux des spectateurs comme s'ils étaient encore de ce monde...

Nous sommes six, et mes compagnons chantent une douce mélopée ; il s'agit de rendre le milieu favorable, de créer une atmosphère de sympathie, et tout ici : musique, chants, parfums, y concourt...

Dans son petit isoloir, le médium s'est endormi ; et nous, les yeux écarquillés, nous nous efforçons de démêler dans le noir, car toutes les lumières sont éteintes, l'arrivée de quelque entité.

Au début de la séance, notre hôte a jeté sur le sol deux écrans enduits d'une matière phosphorescente, à l'aide desquels les entités s'éclaireront.

Et voici que, soudain, l'un de ces écrans se soulève, se dresse perpendiculairement devant nous ; je le vois se balancer, lumineux, à la hauteur de mes yeux ; et puis, cet écran se place dans la position horizontale et au-dessus de lui, verdâtre, m'apparaît la tête d'un Hindou, ceinte d'un turban.

Et voici que cet indou parle ; il prononce des monosyllabes que je ne comprends pas, il ouvre les yeux et me dévisage ; je le dévisage aussi ; il ressemble aux fakirs des images, mais ce n'est pas une image. Je vois, en effet, sa tête s'agiter, se tourner à droite, à gauche ; c'est une tête qui vit. Elle est même, pour une tête d'entité, trop vivante, et j'en suis effaré.

L'apparition, après avoir fait le tour de l'assemblée, disparaît ; l'écran tombe à terre lourdement, nous revoici dans le noir. Alors, de l'ombre, des voix s'élèvent : c'est une sœur, née, paraît-il, à Vintimille, qui apporte à mes compagnons des nouvelles de leurs parents morts. Cette sœur est appelée sœur Cerise.

Ensuite un être étrange me fixe pendant une longue minute ; je cherche une ressemblance sans pouvoir la découvrir ; rien d'étonnant à cela, la nouvelle apparition n'étant autre que le docteur Guillot que je n'ai jamais vu de ma vie... ni de la sienne. Ce docteur inconnu, au moins de moi, s'est à peine évanoui dans l'atmosphère chargée de parfums, qu'un autre fantôme surgit ; le docteur était gros, son successeur est maigre, et tout haut, je m'étonne de ce procédé d'éclairage des fantômes :

— Je n'ai jamais-vu, dis-je, des apparitions s'éclairer ainsi, avec un écran lumineux. D'ordinaire, les esprits sont lumineux eux-mêmes.

Une voix lointaine me répond :

— C'est un procédé anglais ; mais évidemment nous pouvons nous éclairer sans l'aide d'un écran.

Et à la minute se dresse devant moi un fakir que je vois éclairé de haut en bas, et qui tient dans ses mains ouvertes deux boules lumineuses...

Après cela, d'autres surprises m'attendaient ; Joé, le clown, que je ne vis pas, car il ne voulut pas consentir à se matérialiser, vint me caresser les joues de ses mains froides et velues ; sœur Cerise déposa des fleurs sur mes genoux ; le fakir se mit à hurler... Puis saisissant un écran, il le leva droit en l'air et éclaira le médium qui, affalé sur sa chaise, dormait.

Tout redevint bientôt obscur, l'écran ayant été jeté violemment à terre par le fakir surexcité... On fit de la lumière et l'on mit une demi-heure à éveiller le médium qui déclara ne rien connaître de ce que nous avions pu voir....

Etais-je convaincu ? Mon Dieu, j'ai la certitude qu'aucun de mes cinq compagnons ne frauda, car nous étions auprès les uns des autres, nous surveillant ; la pianiste ne put pas frauder davantage, car elle ne cessa de taper sur son piano... Et cependant, je ne peux m'expliquer que des apparitions de l'invisible se manifestent aussi matérielles, aussi agissantes, aussi vivantes, en un mot...

— C'est trop beau, ai-je dit à mes hôtes, c'est trop beau pour être vrai...

J'avais, avant la séance, déclaré :

— Le seul moyen d'être certain de la réalité du caractère surnaturel de ces matérialisations, c'est de rompre la chaîne, de saisir le fantôme à bras le corps et faire de la lumière...

— Oui, mais, m'a-t-il été répondu, on tuerait le médium.

Comme pour rien au monde je ne voudrais tuer le médium, je n'ai pas rompu la chaîne ; je n'ai donc saisi aucune entité à bras-le-corps, et

je demeure toutefois sur cette impression que ce que j'ai vu est telle-
ment étonnant que je ne puis en croire mes yeux ».

Fernand Hauser

Le « Cri de France », 23 Décembre 1916
Il n'y a plus à nier :
Des preuves palpables produites

« En plein Paris, des personnes appartenant à la haute noblesse, à la
grande presse, des savants, des médecins, des hommes de lettres
connus, des artistes cotés, des officiers supérieurs, des commerçants,
de hauts fonctionnaires, etc., etc., ont vu des matérialisations spirites ;
— les ont touchées, se sont entretenues avec elles... Et ceci, pas une
fois, en passant, mais au cours de nombreuses séances, ainsi qu'en font
foi de multiples procès-verbaux, signés de tous, relatant en détail ces
troublantes soirées, lesquelles dépassent de beaucoup celles décrites
par Fernand Hauser, dans le « *Journal* » (et par de nombreux organes)
comme ayant eu lieu au même endroit.

Quand je dis qu'on a vu, c'est bien pour spécifier qu'il y avait éclairage, au moyen de puissants écrans lumineux.

Or, d'une part, on opérait avec des médiums non professionnels
(ayant à peine quelques séances d'entraînement) ; et, d'autre part,
c'était gratuit...

C'est dans les salons de M. Borgnis, le spirite connu, que se sont
déroulés ces curieux phénomènes.

Le maître de céans, président de nombreuses sociétés spirites,
lauréat de l'Institut des Sciences de New-York, etc., se consacre opiniâ-
trement depuis fort longtemps déjà, à l'étude de ces problèmes de
l'Au-delà.

Et s'il voulait recevoir à guichet ouvert, ses salons seraient trop
petits pour contenir ceux qui consentiraient à payer bien cher pour
voir...

Mais je l'ai dit, les choses ne se passent ainsi ; il faut être présenté
(et bien présenté) pour être reçu chez ce propagateur désintéressé.

Si l'on considère que toutes les précautions possibles et imaginables sont prises pour éviter les fraudes, volontaires ou involontaires, on est forcé de reconnaître que ce qui se passe là est déconcertant pour les profanes, réconfortant pour les initiés.

Des médiums, soigneusement attachés au début, sont trouvés dans le même état à la fin de la séance. D'autres, laissés libres en entrant dans le cabinet noir (en égard à ce qu'ils sont à leur première ou seconde leçon) sont ensuite trouvés entravés d'une façon telle que les liens doivent être coupés, tant les nœuds sont serrés : (le commandant Darget en sait quelque chose...).

Malgré cela, des fleurs, une table et autres objets, — évoluent librement, voire même jusqu'au plafond ; — des matérialisations entières se produisent : elles parlent aux spectateurs, viennent parmi eux, les touchent donnent l'accolade au guide...

Auprès de tel médium (d'instruction sommaire), on trouve des écrits, des poésies délicieuses ; — à côté de tel autre, on découvre des phrases entières, rédigées en langues mortes ou étrangères (alors qu'il est de notoriété publique que le médium ne connaît que le français) ; — et tout cela tracé sur des feuilles de papier blanc que les assistants ont préalablement paraphées.

Mais cependant, le dernier mot est loin d'être dit...

Et c'est parce que je suis convaincu que M. Borgnis arrivera à nous donner encore mieux, que j'ai écrit ces lignes, dans le double but de rendre hommage à la vérité et afin de tenir au courant des progrès spirites la sympathique phalange des lecteurs occultistes du « *Cri de France* ».

Professeur Cabasse
Lauréat de l'Académie de Médecine.

~

Journal « Vaugirard-Grenelle »,
31 Décembre 1916
UNE SOIRÉE AVEC L'AU-DELÀ

Un de nos lecteurs nous décrit les extraordinaires phénomènes dont il fut le témoin chez le savant psychiste Achille Borgnis.

« Lorsque la guerre éclata, en août 1914, les sciences occultes venaient de réaliser une série de progrès indubitables et marquants.

Jamais, en aucun temps, le psychisme et ses branches multiples n'avaient recueilli autant d'adeptes. Aussi bien, au courant des mois écoulés, de récentes et retentissantes manifestations obtenues par les ardents fouilleurs des forces mystérieuses, des phénomènes surprenants, constatés et contrôlés par des hommes que leur situation, leur science éprouvée et leur sûreté de critique plaçaient en dehors de toute discussion, avaient-ils apporté des facteurs inattendus au passionnant problème, en même temps qu'ils éclairaient de clartés précises les obscures et chaotiques profondeurs de l'inconnu.

Un coin du voile de l'infini se soulevait.

Faut-il citer les noms de ces savants ? Ils sont connus du monde entier. Dignes émules des Crookes, des Richet et des Encausse, M. Guillaume de Fontenay étudiait les forces cyclomotrices ; M. Emile Boirac, recteur de l'Académie de Dijon, présentait ses théories sur l'extériorisation de la sensibilité et la conductibilité de la force psychiste ; M. Delanne faisait d'étranges constatations ; l'éminent commandant Darget révélait au monde savant l'existence des rayons V ; le colonel Frater et le savant occultiste Achille Borgnis, complétant les travaux de Mme Alexandre Bisson, développaient scientifiquement l'application de l'étude des puissances inconnues. Faut-il citer encore les travaux d'Hereward Carrington, du docteur Baraduc, de l'abbé Naudet, du colonel de Rochas et de tant d'autres qui avaient ouverts les voies nouvelles vers lesquelles allaient se précipiter tant d'adeptes fidèles de l'occultisme ?

La guerre, pourtant, était venue interrompre momentanément ces travaux. Mais ce ne fut qu'un court arrêt. Avides de découvertes nouvelles, impatients d'écarter un peu plus encore le rideau du mystère, les chercheurs d'infini se sont remis à l'œuvre ».

La Médiumnité latente

« C'est chez l'un de ces chercheurs, le savant et distingué psychiste Achille Borgnis, dont les travaux eurent en Angleterre et jusqu'aux Etats-Unis d'Amérique, tant de retentissement, que j'eus le bonheur rare, voici quelques jours, d'être le témoin des extraordinaires phénomènes de médiumnité dont on va lire le fidèle compte rendu.

Les principes sur lesquels s'appuient les travaux de M. Achille Borgnis, membre lauréat de nombreuses sociétés mondiales de psychisme et d'occultisme, méritent d'être résumés.

On connaît la théorie de la médiumnité. Les forces latentes ou désagrégées de l'au-delà sont toujours prêtes, dans un milieu adéquat et dans des conditions déterminées, à se manifester tangiblement et visiblement, à sortir de leur désagrégation supraterrestre pour se rematérialiser et retrouver (hormis les inévitables lacunes du périsprit, lacunes dues à l'inversement du sens de rotation de la polarité humaine et aux vibrations vitales) l'antériorité précise de leurs formes primitives.

Il suffit qu'une force matérielle et agissante, mais de polarité contraire à celle des entités désagrégées, attire à elle des espaces fluidiques environnants, les larves qui y circulent pour que celles-ci viennent docilement se grouper et se reconstituer sous l'action quasi-magnétique de cette puissance agissante. C'est cette puissance qui constitue la médiumnité.

Mais (et c'est là la particularité des théories de M. Achille Borgnis) alors que jusqu'ici on considérait la médiumnité comme un don particulièrement rare et dont bien peu d'êtres disposaient, M. Achille Borgnis, au contraire, a acquis la certitude, au cours de ses travaux, que cette médiumnité était un pouvoir dont chacun, à peu d'exceptions près, disposait. Seule, une courte éducation préalable est nécessaire.

Les théories de M. Achille Borgnis, il faut le reconnaître, ont été pleinement justifiées par la réalisation des faits. De nombreuses jeunes filles et jeunes femmes, prises au hasard dans les milieux sociaux les plus divers, se sont révélées au bout de trois ou quatre séances seulement, sous la direction experte de ce savant, des médiums dont le pouvoir récupérateur de forces était en mesure d'être opposé à celui des médiums les plus célèbres et les plus fameux.

Ainsi se trouvait confirmée, la forte parole de Saint-Thomas-d'Aquin, grand Maître en occultisme, qui, dès le XIIIe siècle, proclamait la valeur indéniable du « récepteur harmonisé » :

Si cum anima fuerit vehementer commota malitiam, sicut in vetulis contingat, efficitur aspectus noxius, maxime pueris, que habent corpus tenerum et de facilite receptivum impressionnis. (Cf. Contra Gentes. T. III).

Donc, il y a quelques soirs, nous étions quelques-uns à qui M. Achille Borgnis avait fait la faveur de nous réunir dans son laboratoire d'études du 50 de la rue de l'Université. Il y avait là des médecins, des militaires, des hommes de science, des écrivains, des professeurs, des journalistes, des avocats.

En quelques mots, le commandant Darget nous avait exposé un résumé des phénomènes les plus courants obtenus par M. Borgnis et développé rapidement les théories les plus nouvelles appliquées par le docte maître de céans.

— C'est un véritable conservatoire de médiums, nous expliquait-il, qu'a su créer ici-même notre ami...

M. Borgnis nous présenta deux de ses élèves : — Une jeune Arlésienne, Mlle N... qui, pour la deuxième fois seulement allait être appelée à remplir le rôle de médium ; puis une jeune ouvrière italienne, Mlle D..., employée dans une usine de guerre du voisinage et dont cette soirée allait être la quinzième séance ».

Le Laboratoire d'un Occultiste moderne

« Ne croyez pas que le laboratoire d'études de M. Achille Borgnis évoque l'antre de quelque sorcier moyen-âgeux, peuplé de cornues aux ventres rebondis, de grimoires aux signes cabalistiques, de chouettes empaillées, de crânes grimaçants et autres menues pacotilles dont l'imagination se complaît à meubler l'intérieur de ceux qui font commerce avec les forces de l'Au-delà.

Non. Nous sommes ici dans un élégant et confortable salon moderne, garni de délicates et précieuses œuvres d'art qui révèlent le goût exquis de leur propriétaire. N'étaient la subtile odeur d'encens qui embaume l'atmosphère et, dans un angle de la pièce, le cabinet médiumnique tout tendu d'étoffes noires, on aurait peine à croire que les phénomènes les plus extraordinaires vont tout à l'heure se dérouler en cet endroit.

C'est là dans ce cabinet médiumnique, que M. Achille Borgnis vient de faire asseoir le premier médium, Mlle N..., qui, sous ses passes habiles, n'a pas tardé à s'endormir. Au pied de la jeune fille, trois écrans lumineux ont été déposés, leur face fluorescente tournée vers le tapis.

Devant le fauteuil où le médium, plongé dans le sommeil hypnotique, repose maintenant, et à 1m50 environ d'elle, des chaises sont disposées en demi-cercle. Nous y prenons place. M. Achille Borgnis tire les hauts rideaux noirs qui forment l'entrée du cabinet, nous dérobant ainsi la vue du médium.

On éteint les lumières du salon. Dans l'obscurité où nous sommes plongés, la voix de M. Borgnis psalmodie une courte et solennelle invocation aux ombres mystérieuses dont, malgré nous, nous sentons déjà à notre proximité, les palpitations invisibles. Et pendant que nous nous prenons les mains pour former la chaîne, nous tendons toutes les forces de nos vouloirs, ainsi que nous l'a recommandé M. Borgnis, vers le médium dont nous pouvons, en avant de nous, derrière les rideaux tirés, percevoir la douce et régulière respiration. »

Dans l'Attente anxieuse

« Angoissante, anxieuse, l'attente se prolonge, cependant qu'un piano, derrière nous, déroule en sourdine les phrases harmonieuses d'une lente mélopée.

Mais soudain, au fond du cabinet médiumnique, une rumeur s'élève, imprécise d'abord, s'enfle peu à peu, s'amplifie. Un tumulte indescriptible emplit l'air maintenant. Des coups, de toutes parts, aux murs, au plafond, sur le plancher, sous nos pieds mêmes, devant et derrière nous, se succèdent en une incessante tambourinade. Un vent violent soulève les rideaux noirs dont les bords viennent frôler nos visages.

Une inexprimable émotion nous étreint, difficilement apaisée par la voix du commandant Darget, qui nous dit : ».

(A suivre)

Jean MARIN

~

Journal « Vaugirard-Grenelle », 7 Janvier 1917
UNE SOIRÉE AVEC L'AU-DELÀ
(Suite et fin)

— « Du calme, Messieurs, du calme. Cela n'est rien auprès de ce que vous allez voir...

De son côté, M. Achille Borgnis s'efforce de nous rappeler au sang-froid :

Vos volontés tendues, Messieurs, de grâce ; ce sont nos propres forces, je vous l'ai dit, qui doivent se concentrer vers le médium pour l'aider à l'accomplissement des phénomènes. Ces forces, ne les gaspillons pas...

Peu à peu, cependant, le bruit s'est apaisé.

De nouveau, un long silence. Puis nous entendons glisser sur leur tringle les rideaux de fermeture.

Et, d'un seul coup, une triple lueur surgit devant nos visages, nous aveugle ; ce sont les trois écrans lumineux, déposés tout à l'heure sur le tapis, par M. Achille Borgnis, et qui, soulevés par des mains invisibles, ont été projetés dans l'espace où ils décrivent une marche affolante et rapide, vont à droite, reviennent à gauche, descendent, remontent vers le plafond, s'éloignent, se rapprochent, giroient en un vol tourbillonnant de gigantesques phalènes, et enfin s'immobilisent dans l'espace ».

L'apparition

« Et alors, ô stupeur ! Devant ces écrans immobilisés, une sorte d'impalpable vapeur blanche, fugitive et translucide tout d'abord, s'élève, s'agrandit et s'augmente. Dans cette vapeur, encore fluidique et tournoyante, dans cette nébuleuse cosmique que des larves impalpables parcourent en tous sens, une forme se précise, un visage — oui, un visage humain - commence à apparaître. Des yeux doucement s'allument. La bouche se dessine. Les vapeurs se condensent, se transforment en de longs voiles blanchâtres qu'une brise douce soulève et

101

agite. Des mains, de longues mains pâles, écartent au-dessus de nos têtes leurs doigts effilés. Les yeux s'animent. La bouche s'ouvre. Et une voix délicieusement suave, murmure en un anglais très pur, où perce néanmoins un léger accent écossais :

— « Good evening, gentlemen ; I am very happy to be amongst you this evening and I thank you to have taken me sway for a few moments from the shadows of the other world. The being who was formerly, Mary Stuart, Queen of Scots, welcomes you...

Pour ceux d'entre nous qui ne sont pas familiarisés avec la langue anglaise, un des assistants, le professeur C..., veut bien servir d'interprète. Il nous traduit la phrase prononcée par l'apparition :

— Bonsoir, Messieurs. Je suis très heureuse de me trouver ce soir parmi vous et je vous remercie de m'avoir arrachée pour quelques instants aux nimbes de l'au-delà. Celle qui fut autrefois Marie Stuart, reine des Ecossais, vous salue.

Oui, il est impossible de douter. C'est bien la reine Marie Stuart, rappelée des profondeurs supraterrestres, par la science de M. Achille Borgnis, qui est là devant nous.

Une longue conversation, où sont traités les sujets les plus divers, et que je ne me crois pas le droit de rapporter ici, s'engage entre le savant et l'apparition. Enfin, brusquement, un bruit formidable ébranle l'air. Les écrans lumineux s'écroulent sur le sol. D'un seul coup, l'apparition s'est évaporée. Au fond du cabinet médiumnique, nous entendons une respiration rauque et saccadée.

En hâte, nous faisons la lumière. Dans son fauteuil, le médium halète et râle. Stupéfaits, nous remarquons que des liens multiples enserrent ses poignets, ses bras et ses jambes, entourent son corps, fixent ses chevilles aux pieds du fauteuil.

— C'est là un phénomène qui se reproduit fréquemment, nous explique M. Borgnis. Les esprits, pour nous manifester doublement leur puissance, se complaisent souvent à attacher ainsi les médiums avant de se retirer.

Aidés du commandant Darget, nous nous efforçons de défaire ces liens. Mais nous devons y renoncer. Les nœuds sont si serrés, si habiles et si compliqués, qu'il nous faut couper les cordes qui déjà s'enfoncent dans les chairs de la jeune fille.

M. Borgnis s'empresse de réveiller Mlle N...qui, calme et souriante, nous considère avec étonnement ».

Nouveaux Fantômes

« C'est maintenant au tour de Mlle D..., la jeune ouvrière italienne. Elle prend place dans le fauteuil du cabinet médiumnique, où de nouveau, sous les passes expertes de M. Borgnis, elle s'endort. On refait l'obscurité.

Une minute à peine s'écoule, cette fois. Un indescriptible fracas, comme tout à l'heure, retentit. Les écrans lumineux bondissent vers nous et, d'un coup, une nouvelle apparition surgit : c'est le fantôme d'une jeune Arabe aux yeux agrandis par le kohl. Sans un mot, elle traverse le court espace qui nous sépare du cabinet médiumnique et disparaît brusquement.

Une autre apparition aussitôt lui succède, puis une autre, puis une quatrième. Trois fantômes sont à présent dressés devant nous, profilant leur silhouette vaporeuse, fugitive et tremblante. Leurs voix murmurent des phrases d'espérance. De leurs mains, apposées sur nos têtes, une pluie de roses s'abat et nous recouvre. Un des fantômes se penche vers M. Borgnis et l'embrasse au front en murmurant :

— « Achille, reçois ce baiser d'une des ombres que tu as arrachées pour ce soir à l'incertitude des tourbillons du Grand Tout...

Puis, comme tout à l'heure, les écrans viennent se reposer de nouveau sur le sol, et les visions, l'une après l'autre, s'évanouissent.

La séance d'études est, pour cette fois, terminée.

On rallume les lampes. On réveille le médium. Près d'elle, de grandes feuilles blanches sont couvertes des écritures les plus diverses. Les esprits, en y transcrivant d'intimes pensées, ont voulu de cette façon, nous témoigner une nouvelle forme de leurs pouvoirs.

Et comme nous prenons congé de M. Borgnis, et que nous le remercions du spectacle incomparable auquel il vient de nous faire assister, le savant nous dit d'une voix douce :

— Cela n'est rien, Messieurs. Dans quel que temps, j'espère obtenir mieux encore... ».

Jean Marin

PROCÈS-VERBAUX DE SÉANCES SPIRITES DONNÉES CHEZ M. BORGNIS

Séance du Samedi, 4 Novembre 1916

La séance, commencée à 8 h 30 du soir, chez M. Borgnis, 50, rue de l'Université, comprend quinze assistants, dont les signatures figurent au procès-verbal.

Le médium propose d'être attaché et quelques assistants, non par suspicion, mais pour mieux convaincre les absents, disent qu'il est préférable de procéder ainsi, le médium est donc attaché par deux invités, sous le contrôle du reste de l'assistance.

De plus, une forte corde, reliée aux mains du médium, est tenue par chacun de façon à former une chaîne à la fois fluidique et de contrôle.

Selon l'habitude, se trouvent à proximité du médium :

Une table légère, sur laquelle a été placé un cahier de papier écolier dont les feuillets ont été paraphés par le public ;

Un crayon attaché à la table ;

Des fleurs fraîches dans un vase sans eau ;

Et trois écrans lumineux sur une de leurs faces, aux pieds du medium.

Tandis qu'une musique mécanique commence à se faire entendre, des coups violents sont frappés dans le cabinet noir installé dans un angle de la pièce, au moyen de grands rideaux noirs.

On entend le rideau s'ouvrir et se fermer tour à tour.

A la lueur très vive des écrans qui évoluent en tous sens, on distingue la table qui change de place, puis s'élève à plusieurs reprises vers le plafond qu'elle atteint presque.

On assiste également à une lévitation des fleurs, d'abord en totalité, avec le vase, ensuite au même phénomène plusieurs fois répété avec les mêmes fleurs enlevées séparément.

Puis ces fleurs sont offertes à quelques-uns des assistants.

Des matérialisations partielles, mais très formées, d'une religieuse, sont visibles.

Des baisers sont envoyés par celle-ci et on en perçoit le bruissement.

De courtes conversations sont échangées entre les esprits matérialisés et M. Borgnis.

Puis, à la demande verbale des esprits, la séance est levée.

On procède au réveil du médium sur les genoux duquel des fleurs en gerbe ont été déposées par les esprits.

On constate que le médium est partiellement détaché et qu'une partie des ficelles qui le liaient ont disparu ; malgré de minutieuses recherches, on ne parvient pas à les retrouver.

On vérifie ce qui est écrit sur les feuillets et on y trouve les lignes textuellement transcrites ci-après, suivies, les unes de la signature « Sonia », les autres de la signature « sœur Amy ».

C'est après que cette lecture a été faite, que les assistants apposent les signatures qui se trouvent au bas du présent procès-verbal.

1er écrit

Dans l'amitié, rien n'est frivole :
Un rien sert ou nuit au bonheur ;
Un rien afflige, un rien console ;
Un rien est tout pour le cœur.

Signé : Sonia

2ème écrit

Bonsoir, cher Achille !

Me voici encore près de vous, heureuse d'être
revenue vous voir.

Je ne suis pas très satisfaite de certains Messieurs
de la société qui ne sont pas croyants.

J'espère les faire revenir à de meilleurs sentiments.

Je ne vais pas vous écrire longuement ce soir.

Achille, tout va bien.

Pour la corde, continuez, c'est très bien.

Bonsoir, les amis.

Ne vous inquiétez pas de la ficelle qui attachait
mon petit médium, je l'emporte.

Bonsoir ; à bientôt.

Signé : Soeur Amy

Le médium était Mme B.... Ce médium, qui n'est nullement un professionnel, fait partie du groupe de quelques élèves que développe M. Borgnis ; il n'a encore subi que quelques séances d'étude, chacune d'assez courte durée.

Suivent les signatures des personnes qui assistaient aux susdites manifestations et matérialisations, à la soirée donnée le 4 Novembre 1916, chez M. Borgnis, signatures qui ne peuvent être reproduites ici.

Séance spirite du Samedi 2 Décembre 1916, chez M. Borgnis

La séance a lieu à 8 h 30 du soir. On compte dix-neuf assistants (plus le médium).

Une corde circulaire est tenue par les mains de tous les membres de l'assistance et aboutit à celles du médium auxquelles on l'a liée.

Sur la demande des spectateurs, ceux-ci attachent avec le plus grand soin, aux bras et aux pieds du fauteuil, le médium qui est une dame.

Des fleurs fraîches sont dans un vase posé à terre à droite du médium ; une table est à sa gauche avec du papier écolier portant les signatures de quelques personnes présentes. Un crayon est attaché à l'un des pieds de cette table.

A titre d'expérience, on installe devant le médium un banc de 0 m. 65 de haut sur lequel on met quatre écrans lumineux, pour éviter aux esprits de se baisser. La pièce est saturée d'encens ; le médium, en transe, s'est endormi seul, sans y être aidé.

Le guide adresse alors à Dieu une invocation pour la bonne issue de la séance, puis recommande à l'assistance un silence parfait et des pensées en rapport avec la gravité du moment.

On fait ensuite l'obscurité dans la pièce.

La musique joue des airs doux et religieux, tandis que les spectateurs recueillis attendent huit à dix minutés dans le calme, après quoi des bruits divers se font entendre ; des coups frappés résonnent et la table s'agite fébrilement.

A cet instant, les esprits apparaissent, posent à terre les quatre écrans placés sur le banc qui ne leur convient sans doute pas et qu'ils transportent hors du cabinet du médium.

Ensuite, les écrans, les fleurs et même leur vase, s'élèvent d'eux-mêmes, flottent et circulent dans l'air en exécutant des circonvolutions pittoresques. La table, soulevée, monte au plafond en se balançant dans le vide et, avec une série de mouvements, se promène au-dessus de la tête des assistants.

Puis des questions sont posées, auxquelles répondent d'énergiques coups frappés.

Finalement, deux écrans, qui évoluent plus facilement, laissent prévoir le commencement des matérialisations.

Viennent donc se matérialiser :

1° Une religieuse ;

2° Une femme inconnue ;

3° Une Mauresque voilée.

Réapparaissant, la religieuse, sortie du cabinet médiumnique, s'avance vers les rangs. Se dirigeant tout droit vers le guide, M. Borgnis, elle l'embrasse affectueusement, ce qui provoque dans l'assistance un inexprimable saisissement mêlé à une profonde admiration. Puis elle s'en retourne, heureuse, à son point de départ.

Les écrans se remettent à circuler librement dans l'air et des écritures directes sont obtenues qui se trouvent consignées à la fin de ce compte rendu. Enfin, le crayon est jeté au hasard dans la pièce.

La table est transportée au milieu du cercle, avec ses cahiers et les écrans rangés dessus. Le vase de fleurs a passé de l'autre côté du médium et une gracieuse distribution de ces fleurs est faite aux assistants.

Un appel des esprits a lieu, qui nécessite l'arrêt de la musique et oblige au silence les spectateurs. A la suite de ce fait, un dialogue à haute voix s'engage directement avec les esprits qui annoncent ensuite la fin de la séance, ainsi que leur départ de la maison, et sans omettre leurs politesses coutumières.

Quand la séance est levée, il est 10 h 30. On refait de la lumière ; le réveil du médium s'opère normalement et l'on trouve une gerbe de roses déposée sur ses genoux par les esprits disparus.

Les attaches retenant le médium au fauteuil sont restées intactes, telles qu'elles furent nouées au début.

Copies textuelles des écritures directes

1° Le souvenir est la caresse
Qui vient doucement effleurer
Le cœur, par ces soirs de détresse
Où, seul, il se met à pleurer.

Sonia

2° Cher Achille,
Toujours heureuse d'être avec vous tous !
Je veux, entendez-vous bien, avoir une grande
    séance avec musique, mais au piano, de beaux
    morceaux que j'entendais autrefois. Dites,
    voulez-vous, bientôt... oui ?
Notre petit médium est malade ; ses forces
    déclinent, c'est bien embêtant ! Forcez-là à se

soigner. Autrement, tout va bien : courage et
espérance !

Merci à toute la gentille société qui est ici.

A bientôt ! Je vous embrasse et je vous aime.

Soeur Amy

Qui veut venir avec moi ? Venez, je vous emmène
!... Il y fait bon, vous savez ! Ah.! Yes !

Soeur Amy

En attestation des faits désignés plus haut, les dix-neuf témoins ont
donné en toute conviction leurs signatures apposées au bas du présent
compte rendu.

~

Séance spirite, chez M. BORGNIS
Procès-verbal de la soirée du 23 Décembre 1916

Pour sa dernière soirée de l'année, M. Borgnis avait reçu un nombre
considérable de demandes de places ; et bien que, limité par l'espace
disponible, il ait été obligé de restreindre dans une très grande mesure le
nombre de ses invitations, plus de quarante personnes étaient présentes.

Si au point de vue de contrôle des phénomènes, et étant donné que
le public admis représente l'élite de l'armée, de la médecine, de la
presse, des lettres, de la finance, du haut commerce, etc., on a lieu de se
louer de l'affluence, à d'autres points de vue, celle-ci est doublement
regrettable : 1° Parce que les spectateurs sont moins confortablement
installés (bien que celui des salons où se tient la séance soit fort vaste
cependant) ; 2° Parce que plusieurs personnes, retenues jusqu'au
dernier moment par l'intérêt et la longueur des manifestations, préci-
pitent leur départ sans signer le procès-verbal afin d'avoir le dernier
métro, notamment celles qui habitent la banlieue.

Comme à l'ordinaire, le cabinet noir est visité par les assistants ; des fleurs fraîches sont placées à proximité du médium, ainsi que du papier blanc (celui-ci paraphé par les invités) ; sur une table à laquelle est attaché un crayon.

Tandis que brûle de l'encens spécial, une corde relie tous les spectateurs entre eux et au médium.

M. Borgnis invite les assistants à se recueillir, à élever leur âme vers Dieu en lui demandant de permettre aux phénomènes de se produire et de ne laisser venir que de bons esprits.

Bien que prête à commencer à 8 h 30, la séance ne débute effectivement qu'à 9 heures, par suite de l'arrivée continue des retardataires.

Quatre rangs de chaises, placées côte à côte, sont formés, et nul n'a plus, le voudrait-il, la possibilité de bouger dans aucun sens ; le reste du public demeure debout.

PREMIÈRE PARTIE

Présentation de Mme Norah, nouveau médium, laquelle est installée dans le cabinet noir, des cordelettes sur ses genoux, des écrans lumineux à ses pieds.

La musique mécanique joue : elle ne s'arrêtera qu'à la fin de la première partie ou à la demande des esprits.

Quelques instants après que l'obscurité est faite, de violents coups frappés se font entendre à l'intérieur du cabinet noir.

On perçoit un peu plus tard le bruit produit par un crayon écrivant.

Les fleurs, éclairées par les écrans, évoluent, ainsi que ceux-ci, en largeur et en hauteur.

Une apparition faiblement éclairée, mais que l'on distingue néanmoins parfaitement, a lieu et se nomme : Marie Stuart. Elle tient un petit discours en anglais. (A noter que le médium, qui n'en est qu'à sa cinquième séance, et nullement professionnelle, ne connaît pas un mot de cette langue. Pourtant l'accent et les constructions de phrases sont irréprochables, et il ne peut être question même de quelque chose de préparé ou d'appris par cœur, puisque des colloques s'établissent entre l'entité et quelques personnes, parlant l'anglais).

D'autres esprits viennent ensuite et s'expriment en français.

La fin de la première partie ayant été annoncée par le dernier esprit, la pleine lumière est faite et chacun peut constater que non seulement le médium dort profondément, mais encore que ses mains sont liées l'une à l'autre et que les poignets sont marqués par les liens d'une façon très apparente.

Le docteur B... examine Mme Norah et vérifie particulièrement les yeux : ceux-ci sont complètement révulsés.

A grand-peine, le professeur C... délie le médium, puis le réveille par les procédés d'usage.

On trouve ensuite des écrits (littéralement transcris ci-dessous) que l'on examine.

1° Communication en Anglais de Marie Stuart :

> Dear Mr. Achille,
> In spite of sad circumstances, I wish you and
> everybody, happy Christmas.

> (Signé) Mary (Marie Stuart)

2° D'un poète inconnu :

> Des heures de douleur,
> O ma France si chère,
> Attristeront encore
> L'écho de tes grands bois ;
> Mais tes vaillants martyrs,
> Tombés à la frontière,
> Crient, du haut du ciel :
> « La France ne meurt pas ! »

3° Communication de Soeur Thérèse :

> Sœur Thérèse est heureuse de l'assistance.

DEUXIÈME PARTIE

Après dix minutes de repos, la séance reprend avec le même cérémonial ; toutefois, les fleurs et le papier sont changés et l'on brûle de nouveaux parfums.

De plus, c'est Mme B... qui s'installe dans le cabinet noir pour s'endormir seule, comme cela s'est produit pour Mme Norah.

Enfin, Mme Norah, complètement dégagée, remise et bien revenue à elle, s'installe au piano et va jouer, jusqu'à la fin de la soirée, des morceaux appropriés, avec la maestria de la virtuose qu'elle est habituellement.

Les mêmes phénomènes, coups frappés, fleurs, écritures, rideaux ouverts et fermés, ont lieu fréquemment.

Puis on assiste à la lévitation de la table laquelle, éclairée, s'élève, à plusieurs reprises, jusqu'au plafond et sur les têtes des assistants.

Diverses apparitions sont visibles :

Une masculine, d'abord, celle de « Joseph », reconnu par Mme Norah. Puis sœur Amy ; ensuite la Mauresque. Cette dernière, dont on distingue les bras franchement nus, exécute la « danse du ventre » d'une façon cependant fort décente. Puis réapparaît la religieuse. Sortant complètement du cabinet noir, elle s'avance au milieu du public et vient embrasser M. Borgnis qui est assis au premier rang. Elle parle et redemande du piano. Après un léger arrêt, le guide (M. Borgnis) l'invite à préciser un air qui lui plairait particulièrement, et comme elle sollicite « quelque chose d'entraînant », Mme Norah exécute : « Si vous voulez de l'amour ». La joie est générale. Les écrans évoluent, rythmant les mesures avec entrain et en cadence. Puis, après un court silence réclamé par l'esprit, sœur Amy s'écrie : « Il peut vous sembler étrange, mes chers amis, que je demande une telle musique, mais avant d'être religieuse, étant sur terre, j'étais jeune fille, j'allais au bal et je raffolais de la danse. Or, ce soir, il m'a été agréable de revivre, en quelque sorte, ces doux moments de ma jeunesse, lesquels sont demeurés gravés dans ma mémoire. »

Un fait curieux :

A un moment donné, une apparition, déjà matérialisée, leva un écran pour s'éclairer. Or cet écran, en se levant, se prit dans les voiles du costume ; c'est presque avec peine qu'il a fallu, pour le dégager, le secouer afin que l'apparition puisse enfin s'en servir pour éclairer son visage.

Des fleurs séparées et des gerbes sont distribuées au public. Après quoi, on annonce la fin de la seconde partie qui termine en même temps la soirée.

Enfin, avant de faire redonner la pleine lumière, le guide, s'adressant aux esprits, les remercie, tant en son nom personnel, qu'en celui des assistants qui s'associent à cette juste politesse. Puis il leur dit qu'il va être forcé, pendant quelque temps, de fermer sa maison pour réduire ses dépenses, en raison de la prolongation de la guerre. Les entités répondent affectueusement à M. Borgnis qu'elles avaient connaissance de ce qui vient de leur être dit et terminent par cette phrase : « Ne soyez pas trop longtemps absent ; rappelez-nous bientôt, ou mieux, venez nous rejoindre ».

M. Borgnis promet bien un retour et un rappel prochains, mais ne manifeste pas le désir de rejoindre ses chers amis de l'au-delà...

La pleine lumière ayant été faite, on examine avec soin le médium et les écrits.

Mme B... est attachée aux quatre extrémités ; une gerbe de fleurs est gracieusement posée sur ses genoux.

M. Borgnis la réveille selon les procédés de règle et la dégage.

Quant au crayon, on le trouve attaché au bec de gaz, en dehors du cabinet noir.

Les personnes qui ont reçu des gerbes de fleurs, constatent que celles-ci sont liées par de riches faveurs en soie, aux couleurs vives, alors qu'elles étaient éparses dans le vase au début de la séance, et qu'il n'existait pas, dans la maison, de semblables rubans : ceux-ci constituent donc des apports bien caractérisés.

Suit la reproduction littérale des écrits trouvés :

1° De Sonia :

> La vie est un long sommeil
> Dont l'amour est le rêve :
> Vous aurez vécu
> Si vous avez aimé.

Signé : Sonia

2° De Soeur Amy :

> Cher Achille,
> Je vous remercie de votre gracieuse assistance. Je
>   remercie sincèrement mon petit médium
>   Norah de faire de la si belle musique.
> Merci aussi à mon petit médium (Jane B.).
> Je les aime beaucoup tous les deux.
> Je suis heureuse, beaucoup, beaucoup.
> Si vous vouliez venir près de moi pour toujours, je
>   serais bien heureuse... Mais non, vous voulez
>   me quitter pour longtemps.
> Enfin, si la séparation est forcée, acceptons-là,
>   puisque nous ne pouvons pas l'empêcher.
> Bonsoir, cher Achille, à bientôt.
> Bonsoir, vous tous.
> Je vous aime, Achille, et vous embrasse.

Signé : Soeur Amy

3° De Yaimé :

> Un baiser bien affectueux pour vous tous.

Signé : Yaimé

(C'est la première fois que cet esprit se manifeste).

Il est alors onze heures.

Quelques personnes apposent leur signature, mais beaucoup d'autres se retirent précipitamment en raison de l'heure tardive.

Parmi l'assistance se trouvaient quelques personnes qui n'avaient jamais assisté à semblables manifestations, d'autres avaient déjà été présentes à des soirées analogues, chez M. Borgnis.

Aucune observation, dans le sens du doute, ne se produit.

Au contraire, tout le monde se déclare, non seulement pleinement satisfait, mais encore émerveillé.

En résumé, en dehors des apparitions et des phrases prononcées en langue étrangère (inconnue du médium), six esprits différents ont fourni des écrits durant cette soirée du 23 décembre 1916.

Comme de coutume, les écrits trouvés sur les feuilles de papier blanc, préalablement paraphées, aux fins de contrôle par les assistants, sont demeurés annexés au procès-verbal.

Enfin, pour mémoire, il est rappelé : que Mme B..., non professionnelle des sciences occultes, mais gagnant sa vie d'un travail courant, est Italienne et élève de M. Borgnis qui l'a formée depuis quelques séances.

Qu'il en est absolument de même pour Mme Norah, avec cette seule différence que cette dernière en est seulement à sa cinquième séance.

Enfin qu'aucun de ces médiums n'avait fait auparavant de spiritisme, ni été entraîné par personne.

Suivent les signatures.

CONCLUSION

Ce livre terminé, je tiens à assurer mes lecteurs de la rigoureuse authenticité de tout ce qu'il renferme, et je les prie de réfuter énergiquement tout argument qui tendrait à en diminuer la valeur scientifique ou théorique. Je n'ai rien avancé que je n'aie personnellement connu ou pratiqué.

J'ai écrit cet ouvrage dans un but désintéressé, uniquement désireux de faire connaître le plus possible le spiritisme, cette science si captivante qui tend de plus en plus à se répandre.

J'ai tenu non seulement à présenter à mes lecteurs les avantages du spiritisme, mais encore à les prévenir contre ses dangers dont j'ai d'ailleurs été victime.

Si le fruit de mes travaux et recherches est assez fécond pour que d'autres adeptes puissent en profiter, fassent ainsi de nouveaux progrès, je m'en réjouis d'avance et j'y applaudirai de toutes mes forces. J'ai été vivement intéressé, par exemple, à la lecture de cette découverte anglaise que relate « *l'Occult Review* » de Londres dans un article que reproduit la « *Revue Spirite* », 42, rue Saint-Jacques, Juillet 1917, et où il est dit que M. David Wilson aurait trouvé la possibilité d'échanger des messages avec les entités de l'Au-Delà.

Désormais il serait scientifiquement acquis et confirmé par des expériences qu'on peut communiquer, au moyen de certains appareils, avec le monde astral, et réciproquement, avec appel volontaire de sonnerie de part et d'autre, et le tout sans l'intermédiaire d'un médium.

Voilà une découverte que j'admire, un important progrès réalisé et qui prouve surabondamment l'existence des esprits, tout en nous indiquant la manière de communiquer directement avec eux.

Il ne faudrait pas beaucoup de découvertes de ce genre pour convertir les sceptiques et les profanes, surtout si, après avoir communiqué télégraphiquement avec les entités de l'Au-Delà, on pouvait les voir et converser avec eux en appliquant la nouvelle méthode pratique et religieusement exposée dans le présent ouvrage.

Je ferai observer que par suite de difficultés commerciales, manque de main-d'œuvre, hausse exorbitante des matières premières, qui résultent de la guerre, cet ouvrage était resté à l'état de manuscrit.

J'ai utilisé ce retard forcé pour faire quelques additions de faits nouveaux. Le lecteur voudra donc bien fermer les yeux sur les divergences de dates qui n'ont d'ailleurs aucune importance quant à la véracité et à l'intérêt des faits.

A titre de renseignement pour les adeptes du spiritisme et pour apporter un document nouveau à cette science, je me fais un devoir et un plaisir de rendre compte à mes lecteurs de ce qui s'est passé après les troublants événements qui ont nécessité l'abandon momentané de mes études et de mes expériences.

Ayant eu un jour l'occasion de rendre service à l'un de mes anciens médiums, j'en ai profité spontanément pour lui demander une séance que je fixai au lendemain soir, curieux de reprendre contact avec les esprits et de me rendre compte de leurs dispositions.

La séance eut lieu. Je n'y avais invité que quatre personnes, dans la crainte d'une soirée ou tout à fait nulle, ou, au contraire, orageuse. Je n'étais pas sans appréhensions : les esprits viendraient-ils ? Si oui, dans quelles conditions serions-nous les témoins de quelque fait émouvant ?

Contrairement à mes prévisions, les esprits sont venus et se sont montrés charmants, gracieux, penauds même, et repentants. Ils me reprochèrent amèrement et affectueusement à la fois, de les avoir abandonnés, eux qui m'aiment tant, disaient-ils, et ils me supplièrent de les rappeler le plus souvent possible. Ils me laissèrent quelques lignes d'écriture pour confirmer leur affection, leur repentir et leur demande.

A la suite de cette séance toute fortuite, et dont j'ignorais les résultats possibles, je conclus, au point de vue scientifique, que les esprits ont beaucoup plus souffert que moi de notre longue séparation. Habitués qu'ils étaient à venir chez moi, à profiter des fluides ambiants, à se matérialiser à volonté, la séparation leur a été plus cruelle et semble les avoir profondément affectés.

Je reste sous l'impression de cette séance isolée et occasion réelle qui me permet d'espérer, dans un avenir plus ou moins éloigné, la reprise de mes expériences que je m'efforcerai de diriger de façon à éviter le retour des graves incidents dont j'ai entretenu le lecteur, et à ne retenir du spiritisme que ce qu'il a vraiment de beau et de consolant.

A ce sujet, je dois ajouter que de nombreuses personnalités intellectuelles et spirites m'ont manifesté un pressant désir de me voir compléter mon œuvre en écrivant un second livre d'une portée plus élevée, qui comprendrait notamment :

La recherche des moyens les plus simples à employer dans une séance pour obtenir des manifestations directes des esprits et l'étude de procédés nouveaux pour les faire apparaître.

La possibilité de provoquer l'apparition de l'esprit qui préside à la table tournante (en étude actuellement).

Les résultats qu'on peut obtenir en séance spirite lorsqu'on place ensemble et dans des conditions déterminées, dans le cabinet noir, plusieurs médiums à matérialisations. Cette expérience m'a été demandée par les esprits eux-mêmes.

Afin de hâter la découverte des élèves-médiums, j'aurais l'intention de faire passer, en nombre progressif, dans le cabinet médianimique, les sujets à l'étude.

Je m'appliquerai aussi tout spécialement, dans mes séances futures, à provoquer un phénomène curieux : la lévitation du médium, et à constater les effets d'une musique spéciale, telle que des symphonies.

Je recruterai des médiums dans une classe plus élevée. Jusqu'ici j'ai trouvé mes sujets au hasard des circonstances et plutôt dans les classes inférieures ; ceux-ci généralement ne considèrent pas toujours le spiritisme au même point de vue que nous, spirites. Il peut s'en trouver qui soient animés, à mon insu, de pensées et de désirs nuisibles à la production des phénomènes.

A un degré plus élevé de l'échelle sociale, l'intérêt est surtout scientifique, la pensée est dégagée de toute idée de lucre, et je caresse l'espoir de voir apparaître, avec ces nouveaux médiums, des esprits d'essence supérieure et d'obtenir des manifestations mieux choisies et d'un intérêt plus relevé.

Je publierai des photographies directes des esprits que je n'ai pas jugé à propos de faire jusqu'alors. Celles qui paraissent dans le présent ouvrage ne sont pas des photographies directes ; elles ont été faites d'après des dessins exécutés pendant les séances, très fidèlement reproduites et où rien n'a été laissé à l'imagination.

Malgré les instances des personnalités spirites qui s'intéressent particulièrement aux photographies des manifestations des entités de l'Au-Delà, et sans me laisser tenter par les promesses des récompenses pécuniaires attribuées à ces photographies, je me suis toujours formellement refusé à les laisser prendre. Car les matérialisations se sont produites chez moi avec une grande douceur ; j'ai toujours hésité à brusquer les esprits par l'éclair du magnésium. Cette lumière éclatante, en les surprenant inopinément, aurait pu provoquer leur mécontentement et leur disparition. Elle aurait pu aussi indisposer le médium dont les forces et les fluides n'étaient pas encore assez développés (les médiums employés ayant été découverts récemment).

D'ailleurs les esprits m'avaient manifesté nettement le désir de ne pas être photographiés immédiatement, mais seulement plus tard, et ils avaient fait la même réponse aux assistants qui leur en avaient directement exprimé la demande. Néanmoins comme je ne m'attendais pas à la déviation qu'ont prise mes relations avec les esprits, et à la rupture passagère, espérons-le, qui s'en est suivie, je regrette de n'avoir pas enfreint l'ordre des esprits et c'est pourquoi je suis décidé à procéder à des photographies directes lors de la reprise de mes études.

Je relaterai les résultats les plus intéressants que j'aurai réalisés dans le domaine du spiritisme, tant ceux qui se rapportent à la suite de mes aventures, que les découvertes nouvelles que j'aurai faites.

En dehors des séances privées, en petits comités, qui se sont données jusqu'à ce jour, je tenterai des séances de spiritisme et de matérialisations devant le grand public. Si, comme je l'espère, le succès de ces séances est réalisé, elles favoriseront sans nul doute l'éducation des masses dans la science spirite à la fois si simple et si grande.

Enfin une autre étude, tout à fait supérieure, celle-là ! Que j'ai fermement l'intention de faire, tant pour son puissant intérêt que pour les merveilleux résultats qu'on en pourra obtenir, c'est de chercher à conserver une matérialisation. Le mot « impossible » résonne déjà de partout autour de moi. D'abord a-t-on jamais tenté cette expérience ? A-t-on fait des études spéciales et assez approfondies dans ce but ? Je ne trouve aucune tentative de ce genre dans nos livres scientifiques. A côté des savants, le praticien, à qui est échue particulièrement la tâche délicate de la production des phénomènes spirites, devrait prendre la résolution de se consacrer à cette étude dont le succès serait le plus beau, le plus surprenant qui ait jamais été réalisé dans le spiritisme.

Connaissant d'avance la nature des esprits, les éléments qui sont nécessaires à leurs matérialisations, n'est-il pas possible de découvrir de nouveaux éléments conservateurs leur permettant de subsister, au moins quelque temps, après s'être matérialisés ? Et cela grâce à des fluides spéciaux, produits dans ce but et sous l'influence d'une certaine lumière, se rapprochant autant que possible de la lumière sidérale où vivent, dans les régions supérieures de l'Infini, les esprits purifiés de toute souillure, et pour bien dire, la lumière des lumières qui constitue pour eux le suprême bonheur, la source de leur existence et de leur conservation.

Voilà ce qu'il faut trouver et ce que je chercherai avez persévérance, sans hésiter à recourir à l'expérience de nos maîtres spirites anciens et contemporains, et à ceux dont les inspirations pourront m'être utiles.

Les entités qui se matérialisent spontanément et fréquemment aussi par leurs propres forces, ne demanderaient pas mieux que de rester avec nous, si nous leur en fournissions les moyens.

Les esprits ne nous indiqueront pas la marche à suivre, cela leur est interdit ; c'est à nous, qui en avons la permission et peut-être le devoir, à la découvrir.

Nous sommes déjà bien renseignés à leur sujet. Nous savons que les esprits matérialisés respirent et que cette fonction de la respiration parait être identique à la nôtre. Ils ont une voix humaine, un cœur qui bat, une constitution en tout semblable à celle de l'homme ; autant de points à considérer pour notre étude.

D'autre part, n'est-il pas arrivé fréquemment que des spirites, spectateurs ou contrôleurs, aient coupés des lambeaux d'étoffes ou des mèches de cheveux à des apparitions matérialisées, et les ont conservés indéfiniment ? Pour quelles raisons n'obtiendrions-nous pas la conservation totale ?

A propos de certaines matérialisations ayant vécu, mais sans qu'il nous ait été possible de nous rendre compte des conditions de cette vitalité et encore moins des moyens de la provoquer, je citerai les faits suivants :

« *Le Monde Invisible* », 67, rue Saint-Jacques, dans son numéro de Mars 1918, raconte des phénomènes d'apparitions dont la production est demeurée inexplicable. Cela se passe au désert :

« C'est quand tombe la nuit, que le Désert emplit l'ombre de terreurs et de voix plaintives, ainsi que des appels de victimes en détresse...

Au désert, des sons de trompette, et des bruits rappelant une armée qui s'ébranle, se manifestent fréquemment dans certaines régions. On y voit également des formes humaines simulant des voyageurs en détresse, quelques-uns parfois semblent frappés d'épouvante et l'on croit reconnaître parmi eux des camarades égarés.

Tous les explorateurs, les Bédouins, les caravanes en ont été témoins et redoutent ces rencontres.

Ce sont surtout les voyageurs isolés qui sont les plus exposés à des dangers qui existent surtout dans le désert, de Bagdad à Suez et au Caire, de Rosetta à Tunis, de Tunis à Tombouctou et à Méquinez. Ces océans de sable ont tous leurs mystères occultes.

Marco Polo a constaté les mêmes phénomènes dans les Landes et les montagnes désertes au-delà de la cité de Lop.

Une aventure de ce genre est arrivée à M. Ramsay qui était accompagné de lord Lindsay, dans une expédition contre une tribu hostile qui avait assailli et pillé ses tentes. Lord Lindsay s'était mis à leur poursuite dans la vallée de Wady Araba, le chemin le plus praticable entre la mer Rouge et la Judée. A un certain moment, M. Ramsay aperçut des cavaliers escaladant une montagne. L'image était si réelle que le doute n'était pas possible ; aussi se mit-on à leur poursuite. Malgré cependant toutes les recherches, on ne découvrit rien. Ces parages, que la tribu avait quittés depuis longtemps, étaient complètement déserts »...

Je ferai remarquer à mes lecteurs qu'il ne s'agit de mirage dans aucun des faits signalés ci-dessus.

Dans le numéro de Septembre 1918, on raconte qu'en Italie il s'est passé, au XVIe siècle, un phénomène qui a l'allure d'une légende et qui pourtant est considéré par des témoins comme étant une réalité. Il s'agit de la matérialisation d'un personnage de quelque autre monde « qu'on ne sait pas ».

Giovanni Papini en donne une esquisse dans la « *Revue Occulte de Londres* » et le célèbre peintre italien Sébastien del Piombe, en a laissé un portrait d'après nature et qui est conforme à la description du sujet. Celui-ci n'avait pas de nom connu. Personne ne l'avait jamais vu avant son apparition inattendue et on ne fui connaissait ni amis, ni famille, ni antécédents. Il avait tout d'un coup surgi tel qu'il était; comme s'il était né homme, sans âge défini et sans avoir eu de passé. Son regard distrait, errant, égaré, semblait ne contempler que des choses lointaines, vagues, mystérieuses. Il n'était connu de personne, mais il aimait cependant à causer ; malheureusement on ne le comprenait pas toujours. On le voyait tantôt ici, tantôt là, sans qu'on pût s'expliquer ses moyens de locomotion. Enfin un jour on le vit s'examiner avec inquiétude, comme pour voir s'il ne se dissolvait pas. Il parut plus grand et plus diaphane ; puis il s'éloigna et on ne le revit jamais. Cette apparition avait duré des mois...

Mais nous avons déjà vu, dans un autre ordre d'idées, un cas tout aussi frappant, celui d'une défunte venant revivre parmi nous, se manifestant pendant plusieurs mois et dont l'apparition n'aurait trouvé que des incrédules si elle n'avait été constatée par William Crookes.

Et encore ce cas d'un esprit matérialisé allant se faire photographier, et combien d'autres plus stupéfiants les uns que les autres !

Bien extraordinaire, direz-vous, mais qui nous prouve qu'il n'y a pas des choses cent fois plus extraordinaires encore dans le vaste univers.

En Angleterre, William Crookes, le grand savant à qui est due la découverte des rayons X, a eu la chance de découvrir aussi un bon médium avec lequel il a fait des expériences et obtenu des matérialisations qui ont rempli le monde entier de troublantes émotions. Et quel était ce médium ? Florence Cook, une jeune fille de quinze ans, une écolière ! et le nom de la matérialisation : Katie King.

Je ne rappellerai pas les surprenants résultats obtenus par Williams Crookes avec son médium et qui ont provoqué une universelle admiration. Ils ont été décrits dans tous les livres spirites, et ailleurs encore, et ce serait sortir trop longtemps du sujet. Je relèverai cependant une particularité rentrant dans le cadre de nos recherches : la longévité de la matérialisation.

En effet, la séance terminée, le médium réveillé, l'apparition subsistait encore et conversait durant des heures avec les assistants et le médium. Elle disparaissait ensuite...

Dans le 2e volume des « *Apparitions matérialisées* », M. Delanne cite, avec tous les détails à l'appui, le cas de deux amis intimes : l'un était médium, c'était Monck ; l'autre, l'apparition, son propre ami, Samuel. Monck réveillé, Samuel subsistait encore, et c'étaient entre les deux amis, pendant de longs moments, des conversations aussi amicales que touchantes.

M. Foster publie dans le « *Banner of Light* » du 7 Juillet 1882, le compte-rendu d'une séance qui eut lieu le soir de Noël 1881 :

« Madame Allen était le médium ; sept matérialisations se montrèrent. La dernière sortit du cabinet en même temps que le médium, et ils se mirent à causer avec le public, chacun de son côté, démontrant ainsi, avec évidence, que le médium et l'esprit étaient deux êtres distincts.

Toutes ces apparitions se dématérialisèrent sous les yeux des assistants et semblèrent s'enfoncer dans le plancher, à travers le tapis ».

Et ce fait encore, l'un des plus merveilleux du spiritisme, concernant M. Livermore, grand incrédule, converti à la cause spirite à la suite de l'apparition quotidienne, et pendant cinq ans, de sa femme qu'il adorait.

Fidèle à mes principes de ne pas rééditer des phénomènes, déjà publiés, je m'abstiendrai de donner les détails de ces stupéfiantes manifestations ; le lecteur les trouvera abondamment décrits dans le livre II de M. Delanne : *les Apparitions matérialisées* ».

Ces apparitions avaient lieu avec le concours d'un médium, Miss Kate Fox, procuré pour la circonstance, à M. Livermore, mais il est arrivé souvent que la matérialisation ait subsisté plusieurs heures après le réveil du médium. Peut-être s'en eût-il fallu de peu pour la conserver un temps plus considérable, si l'on eût employé des moyens, encore inconnus, mais que nous espérons trouver grâce aux recherches auxquelles nous allons nous livrer.

Qu'y a-t-il de plus encourageant pour le chercheur que ce désir exprimé par une matérialisation :

« Je voudrais pouvoir rester là, garder ce corps, pour faire de grandes choses avec vous ».

Citerai-je encore le célèbre médium, Mme d'Espérance, qui réveillée et sortie du cabinet médiumnique, communiquait ensuite avec les matérialisations qui continuaient à exister et se promenaient dans la pièce ?

Les apparitions spontanées de défunts sont innombrables ; les livres et les brochures fourmillent d'exemples et de preuves à l'appui de ces affirmations.

Les matérialisations libres ne se font pas de la même manière, ni dans les mêmes conditions que les matérialisations médiumniques, ce qui nous obligera peut-être à deux études différentes.

Ces exemples prouvent surabondamment que des esprits se sont matérialisés, que leur matérialisation a duré un certain temps, voire même des mois entiers, mais comment ? C'est là l'énigme. Nous voulons, je le répète, chercher la cause qui produit cet effet, découvrir ces moyens ignorés et les appliquer nous-mêmes. Ce secret ne nous sera peut-être dévoilé qu'au prix de longues études et de nombreuses expériences ; mais nous ne nous laisserons pas rebuter par les diffi-cultés pour essayer de soulever un coin du voile qui cache le mystère de l'Au-Delà.